Sites Web avec WordPress

100 % pratique !

Simon Kern
Art director, designer et videographer

3e édition

Couverture : Rachid Maraï

Les éditions Dunod remercient Alsacréations et Raphaël Goetter pour leur aimable collaboration.

Avec la participation de Guillaume Bertrand.

11 rue Paul Bert, 92240 Malakoff
ISBN 978-2-10-076167-8

Table des matières

Deuxième partie – WordPress côté webmastering

Troisième partie – WordPress côté webdesign

Avant-propos

WordPress est une référence en système de gestion de contenu (CMS : *Content Managing System* en anglais). Il permet de concevoir et de gérer facilement un site Internet. WordPress vous permettra notamment de créer des pages web, d'y inclure du texte, des images et d'autres médias, de créer des rubriques, d'éditer des articles. WordPress permet également de gérer un site multi-utilisateurs. Enfin, la gestion de l'apparence du site se fera aisément.

Philosophie de l'ouvrage

« 100 % pratique ! », cet ouvrage se veut clair et concis. Usant d'un langage facile et accessible, il vous accompagnera lors de votre découverte, prise en main et perfectionnement de WordPress. Pour en tirer le meilleur, accompagnez votre lecture d'une manipulation en direct de votre WordPress.

Contenu et public de l'ouvrage

Cet ouvrage se destine à toutes personnes, débutants ou utilisateurs plus avertis, souhaitant découvrir WordPress sous toutes ses facettes, et plus particulièrement aux webmasters voulant installer, paramétrer et gérer un site sous WordPress et aux webdesigner / webdéveloppeur confirmés en HTML / CSS voulant créer entièrement un thème ou en modifier un existant. Les sujets abordés successivement sont les suivants :

- Origine, philosophie et vocabulaire spécifique de WordPress,
- Installation et paramétrage de WordPress,
- Gestion d'un site mono- ou multi-utilisateur avec WordPress,
- Création de templates avec les template tags et les boucles WordPress,
- Maintenance et sécurisation d'un site avec WordPress,
- WordPress et le monde mobile (Iphone, Android).

L'ouvrage se compose de quatre parties :

- **Les deux premières parties** sont consacrées à l'installation et à la découverte de WordPress. Vous y apprendrez comment utiliser simplement WordPress et gérer un site Internet. Elles sont donc destinées aux personnes (telles que les webmasters) s'occupant de la mise à jour et de la vie d'un site Internet. Elles ne nécessitent aucun prérequis particulier.
- **Les deux dernières parties** expliquent comment créer et / ou modifier un thème WordPress. En d'autres termes, comment utiliser WordPress comme un système de gestion de contenu (CMS) flexible et comment le modeler selon vos attentes. Elles nécessitent des connaissances en HTML / CSS.

Qui est l'auteur ?

Simon Kern est Art director, designer et videographer

Portfolio : www.simon-k.com

Son Studio : www.skmg-studio.com

Twitter : @simon_kern

SKMG STUDIO

En 2007 (à 21 ans), Simon Kern crée son premier studio de création pendant ses études. En parallèle, il passe 5 ans dans le noyau magique d'Alsacréations, puis travaille dans une agence de pub parisienne. Il a réalisé plusieurs publications (livres chez Dunod, DVD chez Elephorm, articles dans la presse spécialisée etc.) et a obtenu plusieurs récompenses en créations digitales. Il est formateur et conférencier depuis 2012.

Simon aime les choses artisanales et hors du commun, il ne jure que par le vécu sur le terrain et ne se restreint pas à un domaine précis. Partir seul à New York pour son portfolio, passer de la prise de vue d'un court métrage au design d'une maquette pour finir par son coding... Voilà sa philosophie de passionné ! Vidéo, motion, web, coding, print : il met les mains dans le cambouis pour maîtriser le plus d'étapes possible d'un projet digital 360.

En 2016, il fait évoluer son studio de création « Brin de Web » vers une SAS nommée SKMG Studio. Pour promouvoir le « savoir-faire » digital, il crée le Bar à formations à Nantes, avec Marine Gauquelin. Un organisme de formation spécialisé dans la création digitale : design, web, photo, vidéo, motion 2D/3D. Adieu néons blafards et moquette grise... Au Bar à formations règne une ambiance propice à la créativité et aux échanges : les formations se déroulent en petit groupe, dans un endroit chaleureux, où l'on partage ses expériences, on débride les questions/réponses... pour une prise en main rapide et efficace.

CRÉATIONS DIGITALES

LE BAR À FORMATIONS

— *Le Savoir Faire Digital à la Carte* —

Le Bar à formations partage régulièrement du contenu en rapport avec la veille digitale (WordPress inclus) sur Facebook ou Twitter. N'hésitez pas à le suivre !

Site : www.bar-formations.com

Twitter : @bar_formations

Facebook : Le Bar à Formations

Remerciements

Merci à Marine, Guillaume Nicolas-Meyer, David Pauly, Thomas Kern, Christelle et Marc Vecchini, mes parents, ma famille, ma belle-famille, mes amis, mes ex-collègues, Jean-Baptiste (éditions Dunod) ainsi qu'aux lecteurs des deux premières éditions !

www.simon-k.com

Les fichiers téléchargeables

Sur www.dunod.com, sur la page dédiée à l'ouvrage, vous pourrez télécharger quelques fichiers qui vous permettront de vous lancer avec WordPress :

- Le template WordPress (AlsaWP),
- Des sources Photoshop destinées aux designs,
- Les codes sources des exemples du livre,
- Les fichiers HTML/CSS de l'intégration statique.

Vous trouverez également quelques liens utiles vous permettant de télécharger :

- Le logiciel FTP FileZilla (Mac ou PC),
- Le serveur local WAMP (PC) ou MAMP (MAC),
- Les navigateurs Internet libres : Firefox, Chrome, Opera,
- Les éditeurs de texte NotePad ++ et Sublime Text 2,
- La dernière version de WordPress.

PREMIÈRE PARTIE

Découvrir, installer et apprivoiser WordPress

Cette partie va vous permettre d'installer WordPress. Avant de passer aux choses sérieuses, nous allons préparer le terrain pour réussir son installation. Dans le cas contraire, nous risquerions de rencontrer des problèmes qui nous feraient perdre du temps...

1

Découvrir WordPress

1.1 INTRODUCTION

Rapide présentation

WordPress a été créé par la société Automattic. Bien que WordPress soit libre et gratuit, Automattic s'occupe de son évolution. Automattic développe aussi de célèbres services comme : Akismet (lutte contre le spam) ou encore le service Gravatar (gestion de votre identité sur le Net).

WordPress.com et WordPress.org sont tous deux des sites gérés par Automattic. On peut très facilement les confondre ! Une petite mise au point s'impose :

- WordPress.com permet de s'inscrire en ligne et de créer rapidement et facilement son blog. L'adresse de celui-ci prendra alors cette forme : votrenom.wordpress.com. Cet ouvrage ne s'y intéressera donc pas.
- WordPress.org est le site de référence. Il recense tous les éléments en relation avec WordPress : la dernière version téléchargeable, les plugins, la documentation officielle (codex). C'est donc exclusivement à ce site que nous ferons référence dans ce livre.

Nouveautés

La version 3.0 de WordPress a apporté des fonctionnalités fondamentales qui ont transformé WordPress en un véritable CMS (*Content Managing System* : gestionnaire de contenu). Depuis, plusieurs mises à jour ont également apporté leur pierre à l'édifice avec :

- Une refonte de l'interface d'administration : plus épurée et plus moderne,
- Une gestion des widgets repensée,
- Une optimisation globale des performances et de sécurité,
- Une meilleure prévisualisation des changements (menu, titre, couleur, articles...),
- L'éditeur TinyMCE amélioré,
- Comme vous le constatez, ce sont majoritairement des améliorations d'ordre ergonomique et esthétique visant à améliorer le confort d'utilisation. Les fondamentaux (façon de coder / créer un thème) évoluent peu : tant mieux !

WordPress : pour tous types de sites !

Son utilisation originelle : le blog

L'utilisation d'origine de WordPress est la gestion de blog.

Un blog est une forme de site web particulière qui se caractérise par la publication d'articles (ou de billets) d'une même personne, dans un ordre chronologique, avec possibilité de mettre des commentaires. Cette définition est incomplète, voire dépassée.

Aujourd'hui, un blog évoque plutôt l'aspect esthétique et général d'un site Internet tel un magazine. Un blog n'est plus forcément un journal intime : on y trouve un vrai menu de navigation, plusieurs rubriques, etc.

Son utilisation en CMS

Un CMS permet de gérer le contenu d'un site Internet :

- gestion de plusieurs pages et articles ;
- gestion fine de plusieurs utilisateurs ;
- gestion des médias ;
- gestion aisée de l'arborescence et de la navigation.

Un CMS est basé sur cette règle d'or : la séparation de la forme et du contenu. D'un côté, il sert à gérer le contenu (texte, image, navigation...) et de l'autre sa mise en forme, par l'intermédiaire d'un template (HTML/CSS/Javascript). Un schéma de fonctionnement simplifié nous permettra de comprendre (figure 1.1).

Un site pour présenter une entreprise est un exemple d'utilisation classique de CMS. Ce site sera composé ainsi :

- plusieurs pages statiques (présentation, contact, équipe) ;

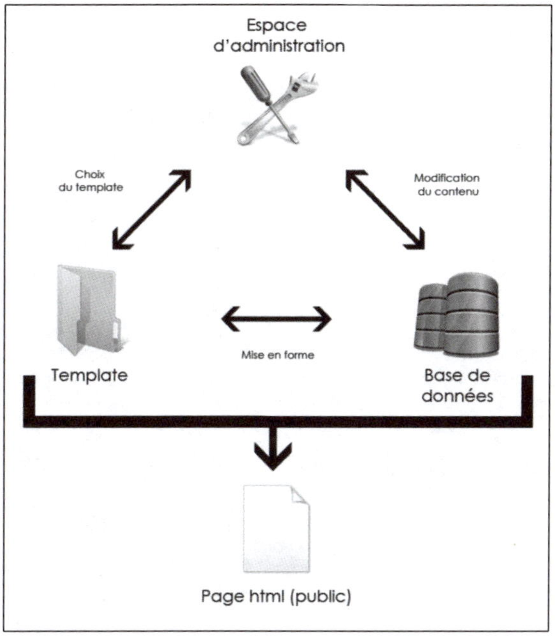

Figure 1.1 – Schéma de fonctionnement simplifié d'un CMS

- une ou plusieurs rubriques qui listent des articles (références clients, actualités, blog pro.) ;
- un ou plusieurs utilisateurs (administrateur, webmaster).

Autres types d'utilisations

Qui dit CMS dit également site e-commerce, site magazine, portfolio, site de communauté, site d'actualité, site perso. Avec WordPress, beaucoup d'utilisations différentes sont possibles !

1.2 EXEMPLES DE SITES WEB AVEC WORDPRESS ET TÉMOIGNAGES

Exemples de sites créés sous WordPress

WordPress s'adapte à des utilisations diverses et variées que nous vous présentons ci-après (figures 1.2 à 1.13), des exemples valant mieux que des mots.

Blogs / Magazine

Figure 1.2 — http://blog.us.playstation.com

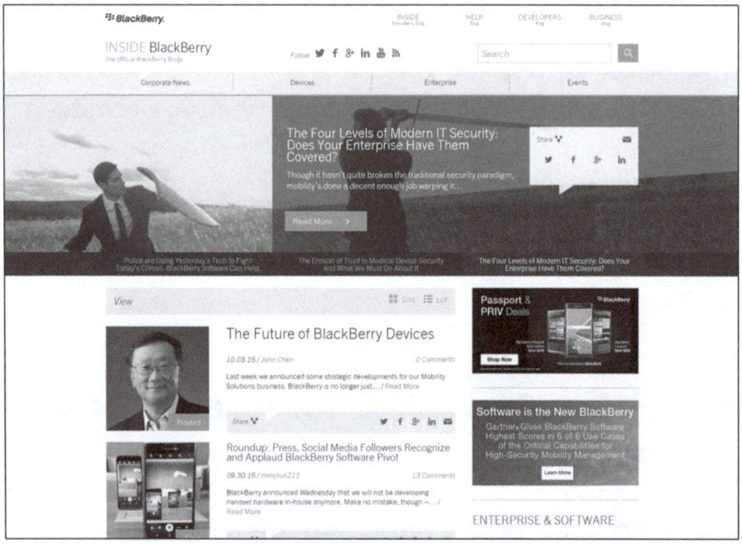

Figure 1.3 — http://blogs.BlackBerry.com

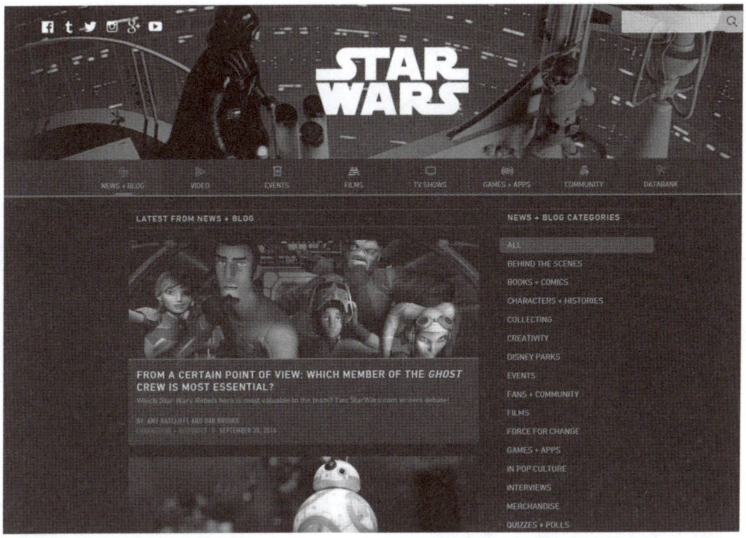

Figure 1.4 — http://www.starwars.com/news

Figure 1.5 — http://www.blup.fr

Galeries/Portfolios

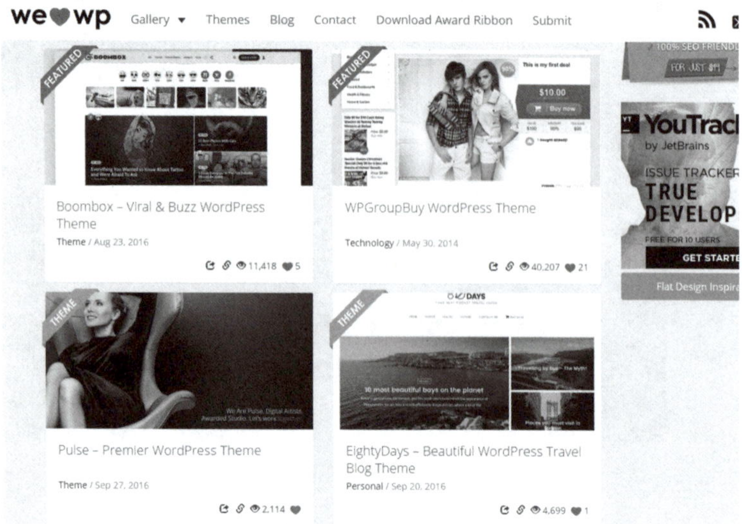

Figure 1.6 — http://welovewp.com

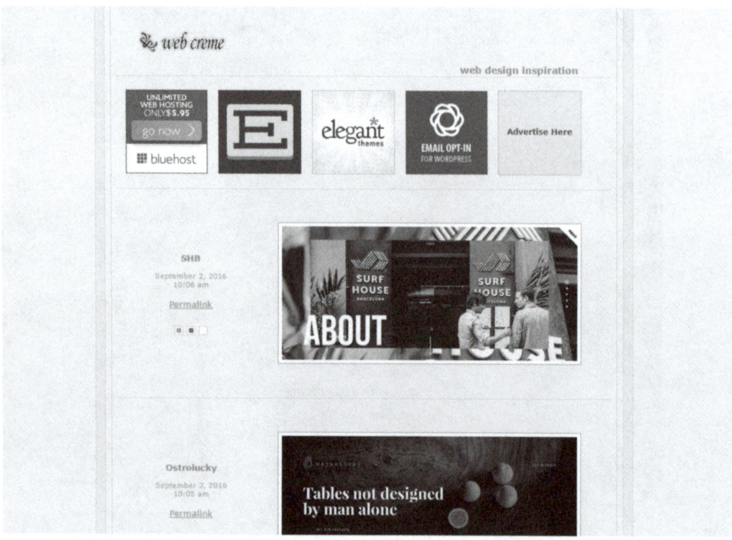

Figure 1.7 — http://www.webcreme.com

Sites corporate et professionnels

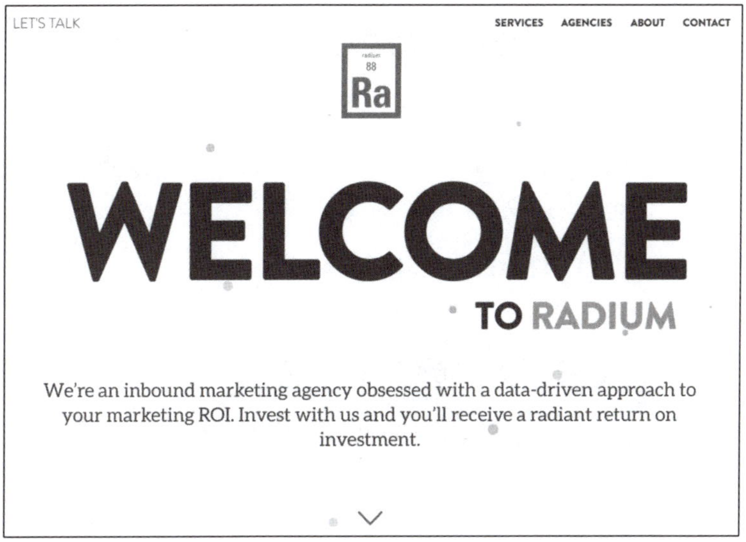

Figure 1.8 – http://www.radiumlabs.com

Figure 1.9 – http://www.toyota.com.br

Sites magazines

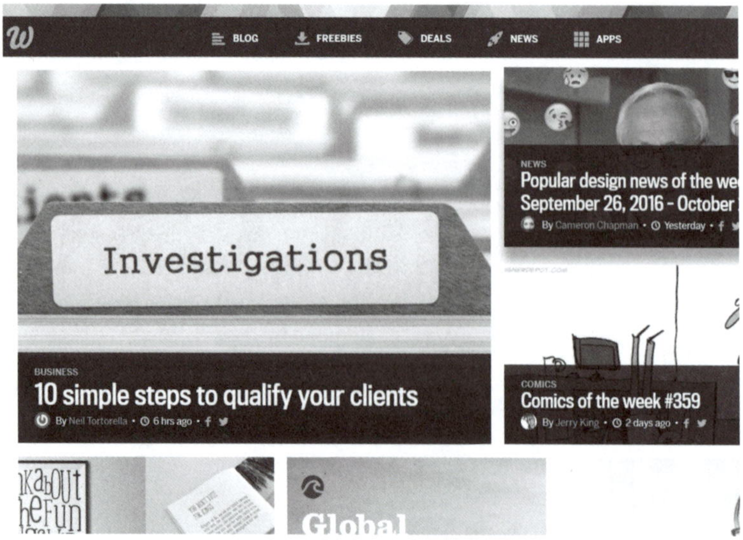

Figure 1.10 — www.webdesignerdepot.com

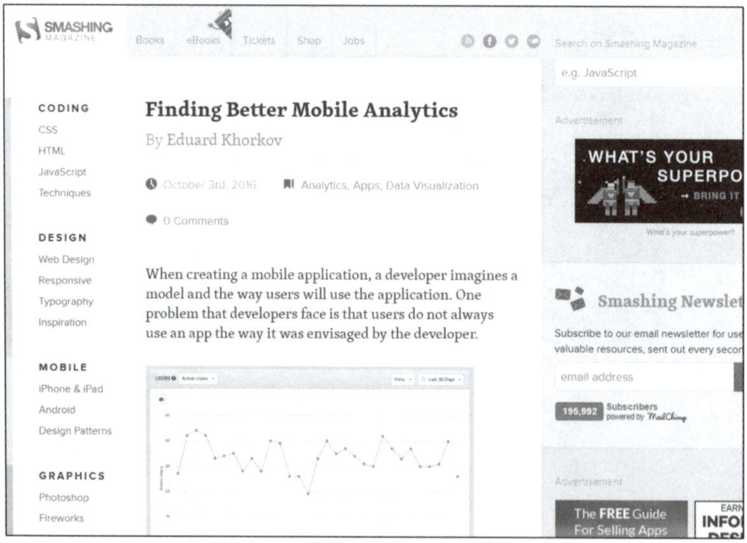

Figure 1.11 — www.smashingmagazine.com

Sites officiels de célébrités

Figure 1.12 – http://www.katyperry.com

Sites d'e-commerce

Figure 1.13 – http://www.tinkeringmonkey.com

Témoignages

Geoffrey Crofte, développeur Web

Figure 1.14 – www.creativejuiz.fr

Je suis un jeune fou qui s'est perdu dans les méandres du code et du pixel. Entièrement autodidacte, j'ai eu la chance de rencontrer des gens géniaux chez Alsacréations et dans le monde du Web.

Également freelance, j'ai pris le parti du Web ouvert en faisant de HTML, CSS, PHP et JS mes outils quotidiens. Je partage mes aventures et découvertes sur Creative Juiz, mon petit blog fruité !

Pourquoi a-t-il choisi WordPress ?

À l'époque de mes débuts je me suis essayé à Joomla et WordPress, ce dernier m'a séduit par sa simplicité et sa flexibilité. Aujourd'hui construire un site web vitrine, blog, forum, galerie ou e-commerce est un jeu d'enfant grâce à ce CMS. WordPress offre des possibilités illimitées pour un développeur PHP. Sa communauté est certainement l'une des plus actives de la toile.

Stéphanie Walter, webdesigner

Je m'appelle Stéphanie Walter et je suis graphiste et webdesigner spécialisée dans la mobilité, les interfaces et l'expérience utilisateur. Inpixelitrust est mon portfolio freelance qui comporte une partie blog où je partage mes découvertes, expériences et connaissances.

Figure 1.15 – www.inpixelitrust.fr

Pourquoi a-t-elle choisi WordPress ?

J'ai choisi WordPress pour sa flexibilité et sa simplicité. J'avais commencé à l'utiliser pour mon premier blog il y a des années et me suis très vite aperçue qu'on peut aller beaucoup plus loin que ça avec un ce CMS. Il me permet d'avoir à la fois une partie portfolio, et une partie blog gérées séparément, d'avoir du multilingue et de pouvoir publier très rapidement mes travaux et articles en quelques clics.

David Torondel, graphiste/illustrateur

Graphiste/Illustrateur depuis presque 20 ans (9 ans en salarié, 11 ans en indépendant), j'interviens principalement dans la création de chartes graphiques de sites Internet, d'animations et de jeux en Flash, et d'illustrations.

Mon site : http://www.torondel.net

Pourquoi a-t-il choisi WordPress ?

En plus de mon blog personnel, je gère une dizaine de sites sous WordPress pour mes clients.

Avec un outil comme Firebug, pour analyser la structure des pages et les CSS de chaque élément, il est relativement facile (et formateur) de personnaliser un thème.

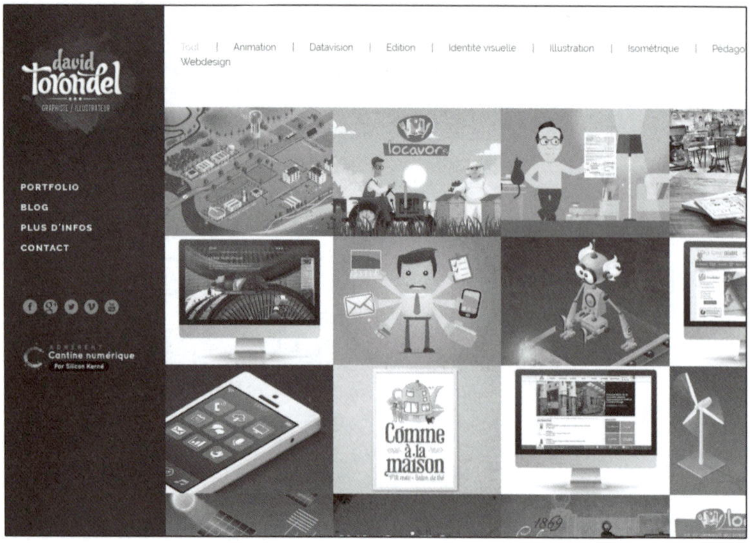

Figure 1.16 — www.torondel.net

Pour un graphiste comme moi, qui n'a que très peu de connaissances en intégration et en développement, cet outil permet de mettre en place un site complet, dynamique, personnalisable, administrable, avec un moteur de recherche et optimisé pour le référencement. Il me permet également de m'appuyer sur une communauté francophone très active... Et tout ça gratuitement !

Je me tourne de plus en plus vers les thèmes « premium », qui restent en général très abordables, et proposent souvent des fonctionnalités intéressantes, avec parfois les fichiers sources du thème, ce qui est très appréciable quand on souhaite le personnaliser.

Un seul bémol néanmoins : le succès de WordPress fait qu'on assiste à une uniformisation des templates. Les thèmes vraiment originaux sont rares ; et, si on cède à la facilité, je crains que tout cela nous conduise à une baisse de créativité.

Pour qu'il reste un bon outil, nous devons utiliser WordPress à bon escient, sans se brider, tout en faisant de lui un tremplin vers plus de créativité.

Olivier Pautot, illustrateur/animateur indépendant

Olivier réalise des illustrations ainsi que des animations 3D et 2D avec une attirance toute particulière pour l'univers cartoon (superbement mignon !).

Il utilise WordPress pour présenter ses travaux d'illustrateur/animateur indépendant. Disposant d'un blog sobre et efficace (wwww.pautot.net,

Figure 1.17 – www.pautot.net

Figure 1.18 – www.pautot.net

figures 1.21 et 1.22), il aime la simplicité et la souplesse d'utilisation que procure WordPress. Mettre à jour ses derniers travaux n'est pour lui qu'une histoire de quelques clics.

Techniquement, il utilise notamment quelques plugins comme Lightbox pour l'agrandissement esthétique des images en JavaScript, Simpleviewer pour sa galerie 2D/3D et All in one SEO pour le référencement.

Christophe Fodé, chef de projet

Pour mes clients, je conseille la solution WordPress. Modulaire et avec une administration simple et efficace, il est aisé de répondre rapidement au besoin du client, tout en lui laissant de l'autonomie pour la gestion du contenu. De plus, le développement de widgets personnalisés permet une liberté totale !

Maxime Urban, ingénieur IT

Le site vitrine de la société où je travaille a été conçu avec WordPress. Grâce à cet outil, les dirigeants peuvent facilement mettre en ligne leur contenu ou encore effectuer des modifications sans avoir à contacter le webmaster du site.

Geoffrey Vallin, chef de projet

WordPress reste pour moi le CMS à la prise en main la plus aisée. Sa simplicité permet à tout à chacun de créer son site Internet mais il sait, dans les mains de personnes plus expérimentées, devenir un outil puissant pour la création de sites ou d'outils plus spécifiques. Autant vous dire que la version 3.0 a propulsé la plupart de mes projets web.

Nicolas Juen, développeur front-end et back-end

J'ai commencé WordPress en 2009 lorsque la version 3.0 allait sortir, elle apportait les types de contenus personnalisés à l'époque et c'était un changement obligatoire pour qu'il évolue.

Nous n'étions plus limités qu'aux pages, articles et catégories, nous pouvions enfin séparer les contenus de façon visuelle et structurelle.

Depuis je suis passé de développeur à directeur technique dans l'agence Beapi qui est maintenant l'une des meilleures agences françaises grâce à ses nombreux projets. Nous ne faisons des sites qu'avec WordPress et nous voyons le nombre de projets augmenter de façon forte. Auparavant, nous devions chercher les clients et les convaincre d'utiliser WordPress alors que maintenant le besoin est WordPress.

Depuis son arrivée sur le marché, il a beaucoup changé : de moteur de blog, il est arrivé à s'imposer en tant CMS. Des petits sites vitrines aux énormes usines à sites, WordPress se plie à vos besoins.

De grandes entreprises comme la BNP, VINCI, ENGIE ou des conseils généraux font confiance à WordPress pour mettre en avant leur contenu.

L'émergence de nombreuses communautés autour du monde démontre la popularité du CMS. Le nombre de WordCamp a explosé et il y a maintenant un WordCamp US et un WordCamp Europe, lequel est passé de quelques centaines de participants à presque 2 000.

La force de WordPress provient surtout de son énorme communauté mondiale. Presque tous les sujets ont été abordés et il y a des centaines de forums et de Slack pour discuter et s'entraider.

De nombreuses entreprises se sont construites autour de WordPress, se spécialisant dans la réalisation de plugins premium, tout un marché s'est construit autour d'eux. De même, les plateformes dédiées proposent des thèmes qui font tout, mais aussi des thèmes de niche. Par exemple, on voit émerger des thèmes pour les radios, les églises, les petites annonces etc.

Dans tous les cas, l'avenir de WordPress est radieux, l'outil a maintenant 13 ans et occupe une place énorme sur le marché. Avec sa communauté active, il va continuer à évoluer et sera encore présent pendant longtemps.

2

Installer et apprivoiser WordPress

2.1 KIT DE LANCEMENT

Prérequis

Pour pouvoir fonctionner, WordPress requiert un serveur pouvant supporter PHP 5.6 et MySQL 5.6 (ou leurs versions ultérieures).

Le serveur conseillé (et le plus robuste) pour WordPress est Apache (gratuit). Vérifiez également que le module Apache mod_rewrite pour la réécriture d'URLs est disponible (c'est généralement le cas). Ces informations sont à vérifier auprès de votre hébergeur. Elles sont souvent en accord avec les besoins de WordPress.

Mise en place et utilisation d'un FTP

Le protocole FTP (*File Transfer Protocol*) permet de transférer des fichiers de votre disque dur sur votre serveur.

Le logiciel FileZilla est le client FTP gratuit que nous allons utiliser. Vous pouvez le télécharger sur son site officiel : http://filezilla-project.org.

Après l'avoir installé et démarré, renseignez les champs de la barre de connexion (figure 2.1) : **Hôte** (fourni par votre hébergeur, il prend habituellement la forme ftp.nomdedomaine.com) puis **Identifiant** et **Mot**

de passe (également fournis par votre hébergeur) et enfin **Port** (à laisser vide, le port par défaut est 21).

Figure 2.1 – Barre de connexion

Une fois cette étape terminée, cliquez sur « Connexion rapide ». Vous êtes désormais connecté à votre serveur distant !

Notons que FileZilla propose une interface qui, par un jeu de doubles fenêtres, permet une visualisation simultanée de votre disque dur (Site local, à gauche) et du serveur distant (Site distant, à droite) (figure 2.2).

Pour transférer un fichier, un simple glisser/déposer d'une fenêtre à l'autre suffit. La progression du téléchargement (nombre de fichiers, de dossiers, taille totale) s'affiche en bas de la fenêtre de droite.

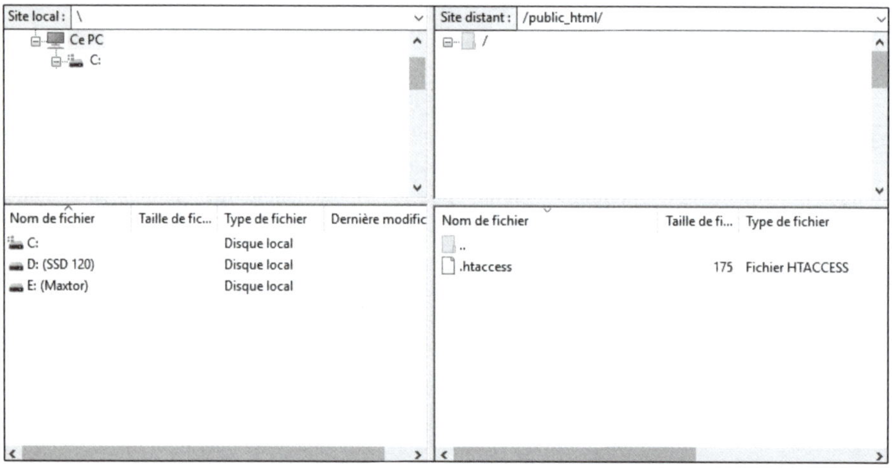

Figure 2.2 – Fenêtre principale de FileZilla

Mise en place d'un serveur local avec WAMP

Avoir un serveur en ligne c'est bien, mais avoir un serveur local (c'est-à-dire sur son propre ordinateur) c'est plus pratique pour concevoir un site. Cela permet d'éviter d'avoir à transférer des fichiers par FTP pour la moindre modification.

Nous allons donc installer notre propre serveur web grâce au logiciel WAMP (MAMP pour Macintosh) que vous trouverez sur son site officiel, en vous rendant à l'adresse suivante : www.wampserver.com.

Après l'avoir installé (bien définir le navigateur par défaut lorsque ce sera demandé), lancez l'application WAMP. La petite icône dans la barre des tâches doit être de couleur verte (dans le cas contraire, relancez l'application) (figure 2.3).

Figure 2.3 – Icône dans la barre des tâches

Lorsque vous cliquez sur cette icône, un menu déroulant donnant accès à différentes fonctionnalités apparaît (figure 2.4). Parmi celles-ci, **Localhost** permet l'ouverture de votre navigateur Internet avec l'adresse de votre serveur local, **phpMyAdmin** vous donne la possibilité de gérer la base de données MySQL et **www directory** vous permet d'accéder rapidement au fichier « www » : là où seront rangés tous vos projets de site Internet !

Votre serveur local est désormais fonctionnel. Il est prêt à accueillir WordPress.

Remarque – Wamp nécessite l'installation (au préalable) des paquetages Microsoft Visual Studio VC9, VC10 et VC11 (à vérifier dans les recommandations suivant les versions de Wamp). Sinon, Wampserver ne pourra pas fonctionner, l'installation sera défectueuse et vous devrez supprimer Wampserver avant d'installer les éléments manquants.

Choix d'un navigateur Internet

Il ne vous reste plus qu'à choisir un navigateur Internet. Firefox, Google Chrome, Opera ou Internet Explorer... tous présentent des performances relativement similaires, même s'ils se distinguent par des interfaces et des

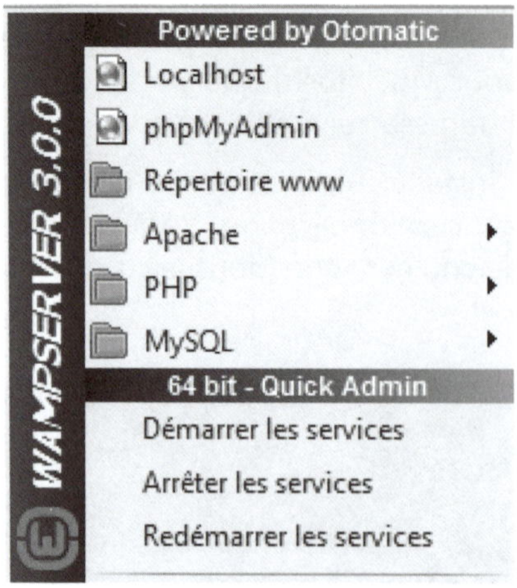

Figure 2.4 – Menu déroulant de WAMP

fonctionnalités différentes. Vous pouvez les télécharger aisément directement sur le Web.

Choix d'un éditeur de texte

Pour un travail simple et efficace : rien ne vaut un éditeur de texte digne de ce nom. Bien entendu, certains sont gratuits (NotePad++ ou encore Sublime Text) et d'autres payants (comme Dreamweaver CC ou TextPad).

Nous vous conseillons d'utiliser NotePad++ ou Sublime Text. Rapides et peu encombrants, ils offrent tous deux une interface agréable permettant par exemple d'éditer plusieurs fichiers dans la même fenêtre. La coloration syntaxique (HTML, CSS, JS, PHP, etc.) s'avère par ailleurs très utile. Vous les trouverez en vous rendant aux adresses suivantes : http://notepad-plus-plus.org/ ou http://www.sublimetext.com/

Remarque – N'utilisez pas des logiciels de traitement de texte comme Word ou Open Office, qui ne sont pas du tout adaptés à ce genre de tâche.

2.2 INSTALLATION DE WORDPRESS

Obtention de la dernière version de WordPress

Pour installer la dernière version de WordPress, rendez-vous sur http://fr.wordpress.org/ pour la version française ou sur http://wordpress.org/download/ pour la version anglaise, puis cliquez sur le lien de téléchargement (figure 2.5).

Figure 2.5 – Bouton de téléchargement

Mise en place des fichiers

Une fois l'archive téléchargée et décompactée, un dossier « WordPress » contenant de nombreux fichiers apparaît. Il va alors s'agir de les ranger à l'endroit approprié...

- **Sur un serveur local (WAMP)**
  Il suffit de copier les fichiers du dossier « WordPress » et de les coller dans le dossier racine « mon-site » (nom d'exemple) se trouvant dans le dossier « www » de WAMP (figure 2.6).

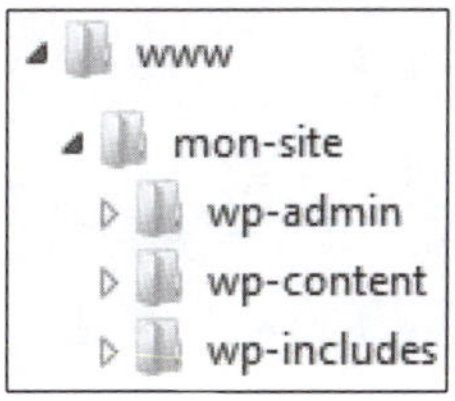

Figure 2.6 – Arborescence du serveur local (WAMP)

- **Sur un serveur distant (FTP)**
  Il suffit de transférer les fichiers du dossier « WordPress » à la racine de votre site. On utilise pour cela le logiciel FileZilla.

Après avoir renseigné les champs de la barre de connexion (voir figure 2.1), un simple glisser/déposer des fichiers suffit.

Création de la base de données

Avant de commencer l'installation de WordPress, il faut au préalable créer une base de données sur notre serveur local (ou simplement l'activer chez l'hébergeur si vous travaillez en ligne).

Rendez-vous dans phpMyAdmin qui se trouve dans le menu déroulant de WAMP. Votre navigateur affiche une page vous demandant un mot de passe (figure 2.7). Tapez « root » dans le champ utilisateur et laissez vide le champ mot de passe.

Figure 2.7 — Accès sécurisé à phpMyAdmin

Vous avez maintenant accès à l'espace d'administration de phpMyAdmin. Cliquez sur l'onglet « Bases de données » à droite du logo (figure 2.8) puis remplissez le champ « Créer une base de données » avec le nom de votre choix (figure 2.9).

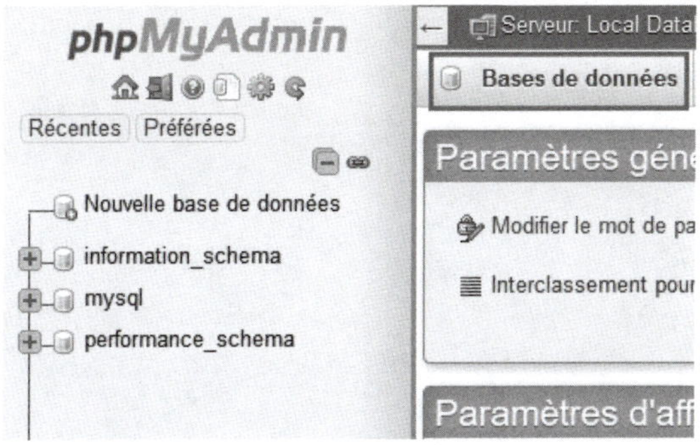

Figure 2.8 – Onglet pour créer une base de données

Figure 2.9 – Formulaire pour créer une base de données

Installation en 5 minutes chrono

1. **Première étape** : Rendez-vous à l'adresse de votre site en tapant son URL dans la barre d'adresse du navigateur. Exemple de notre serveur local : http://localhost/mon-site/. Il est également possible de passer par le menu « localhost » de Wamp et de choisir son projet.
2. **Deuxième étape** : WordPress nous informe que l'utilisateur devra être en mesure de fournir des informations concernant la base de données pour pouvoir procéder à l'installation (figure 2.11). Une fois que vous êtes bien certain de les posséder toutes, cliquez sur le bouton « Allons-y ! ».
3. **Troisième étape** : remplissage des champs concernant la base de données (figure 2.12). Si vous travaillez en ligne, ces informations sont fournies par votre hébergeur. Rendez-vous dans votre espace client pour les obtenir. Les champs à remplir sont :
   - **Le nom de la base de données**. Il s'agit du nom donné lors de la création de la base de données. Ici, « mon-site ».
   - **Votre identifiant de base de données**. Avec un serveur local, c'est « root ».

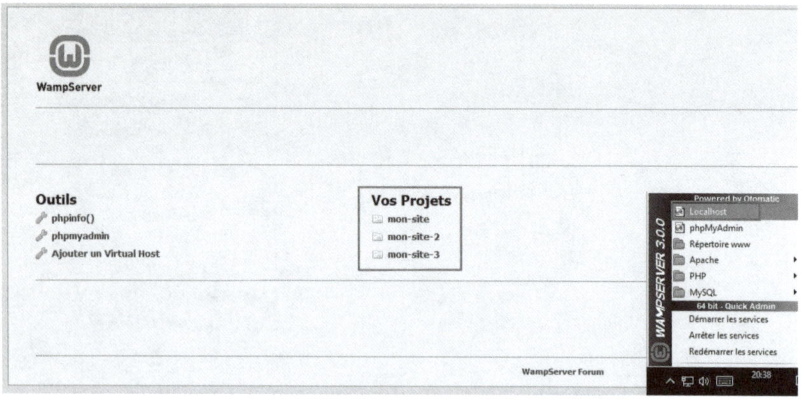

Figure 2.10 – Se rendre sur notre site web en local

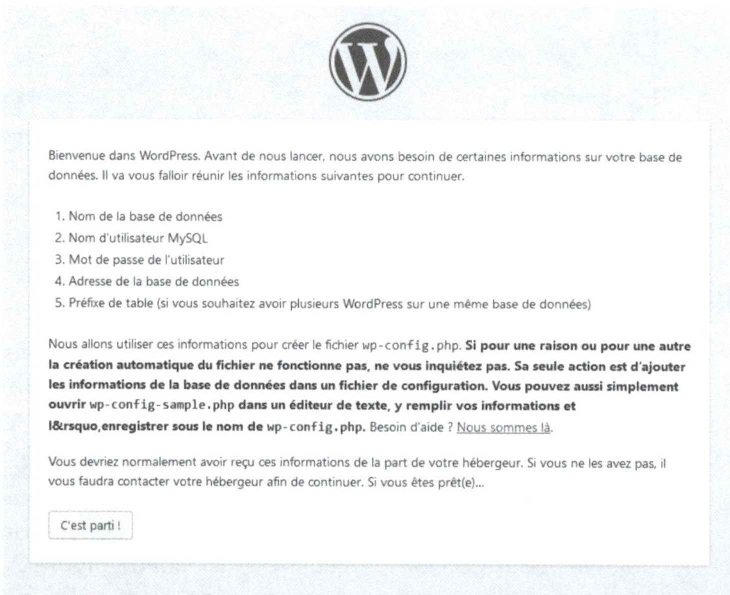

Figure 2.11 – Connaissez-vous ces éléments ?

- **Mot de passe**. Sur un serveur local WAMP, le champ doit rester vide.
- **Hôte de la base de données**. C'est « localhost » ou une adresse donnée par votre hébergeur.

– **Préfixe de table.** Il s'agit ici de choisir un préfixe pour la table qui va être générée, ce qui est très pratique pour installer plusieurs WordPress dans la même base de données.

Figure 2.12 – Formulaire à remplir

4. **Quatrième étape** : validation des informations. WordPress nous confirme qu'il communique bien avec la base de données. Il est temps de lancer l'installation en cliquant sur « Lancer l'installation » ! (Figure 2.13).
5. **Cinquième étape** : WordPress demande des informations sur l'administrateur du site (figure 2.14). Pour des raisons de sécurité, il est déconseillé de mettre « admin » (trop peu sécurisé). Pour le mot de passe, utilisez des minuscules, des majuscules et des chiffres (plus c'est long et compliqué, plus votre compte sera sécurisé).
6. **Sixième étape** : C'est terminé ! WordPress confirme que l'installation s'est bien déroulée. Il est désormais prêt à l'emploi (figure 2.15).

À savoir – Par défaut, WordPress va installer du contenu fictif dans votre site.

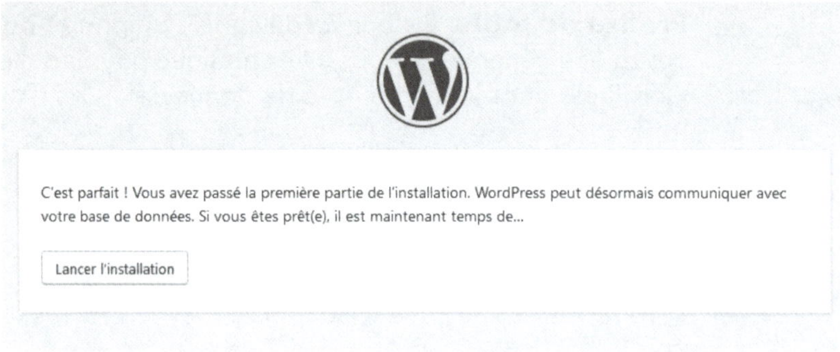

Figure 2.13 – WordPress communique avec la base de données

Figure 2.14 – Informations à propos de vous et de votre site

Figure 2.15 – WordPress est installé !

Pour plus d'informations sur l'installation de WordPress vous pouvez vous rendre à cette adresse :
https://codex.wordpress.org/Installing_WordPress.

Activer la réécriture d'URL en local avec WAMP

WordPress permet la réécriture d'URL. Les « permaliens » sont les URL affichées qui serviront de référence à un article (cf. chapitre 5, section « Options des permaliens »). Pour que cela fonctionne, le serveur web doit être paramétré d'une certaine façon.

Concernant WAMP voici la marche à suivre :

1. Cliquez sur l'icône « WampServer » dans la barre des tâches, puis sélectionnez « Apache > Apaches modules » (figure 2.16).
2. Cliquez alors sur « rewrite_module ».
3. Votre WordPress peut maintenant activer les permaliens sans problème !

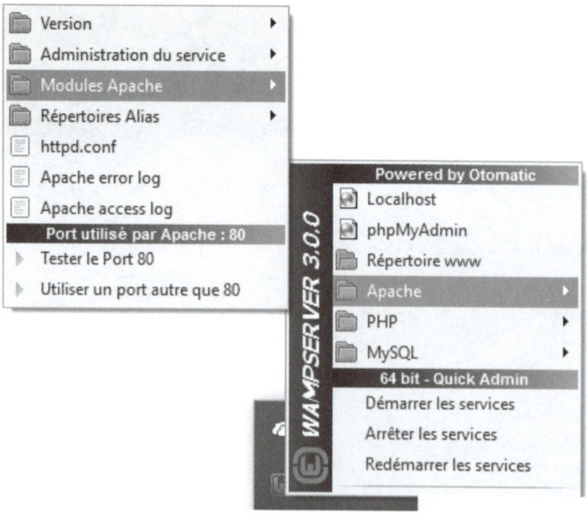

Figure 2.16 – Apache Modules

Travailler avec une URL définitive en local (fichier hosts et Virtual Host)

Remarque – Cette étape n'est pas obligatoire et doit être faite avant l'installation de WordPress.

En travaillant en local avec WAMP, vous aurez dans votre navigateur une URL du type http://localhost/monprojet/bidule.html si vous travaillez dans un dossier nommé « monprojet » dans le repertoire « www ».

Cette URL n'est pas très élégante mais est entièrement fonctionnelle. Par contre, il vous faudra la modifier dans la base de données de WordPress avant de le migrer vers son hébergement définitif (voir section 10.3 « Déménager WordPress »).

Si vous voulez travailler directement en local avec l'URL définitive sous la forme www.monprojet.com/bidule.html et éviter ainsi l'étape de mise à jour, c'est possible ! Pour ce faire, nous allons procéder en deux temps :

1. modifier le fichier « **hosts** » de Windows (ou de Mac ou de Linux) ;
2. ajouter un « **Virtual Host** » à notre serveur Apache (WAMP).

Modification du fichier « hosts »

Dans un premier temps, allons chercher notre fichier « hosts » sur notre ordinateur : son emplacement est : C:\Windows\system32\drivers\etc\hosts.

Une fois ouvert grâce à un éditeur de texte comme NotePad++, nous allons pouvoir ajouter (et surtout pas remplacer) une ligne de code dans ce fichier (tout à la fin, à la suite du document donc) :

```
127.0.0.1 www.monsite.com
```

`127.0.0.1` correspond à notre IP locale.

Le fichier « hosts » est un genre de carnet d'adresse. C'est lui qui est interrogé en premier avant une connexion à Internet. Dès que votre site sera en ligne, pensez à supprimer la ligne que nous venons d'insérer.

Pour que les modifications soient prises en compte, pensez également à vider le cache de votre navigateur et à redémarrer ce dernier.

Ajout d'un Virtual Host

Des « Virtuals Hosts » permettent de gérer plusieurs racines de sites web (indépendants les uns des autres) avec un seul et unique serveur Apache. L'ajout d'un « Virtual Host » requiert là aussi quelques manipulations :

- **Modification du fichier « httpd.conf »**
  Son emplacement :
  C:\wamp\bin\apache\Apache2.2.11\conf\httpd.conf
  Vérifiez que la ligne d'*Include* de « httpd-vhosts.conf » est bien décommentée (suppression du caractère # à la ligne 467) :

```
# Virtual hosts
Include conf/extra/httpd-vhosts.conf <-- ligne 467
```

Remarque – En activant les « Virtuals Hosts », l'adresse "http://localhost/" devient inaccessible.

- **Modification du fichier « httpd-vhosts.conf »**
  Son emplacement :
  C:\wamp\bin\apache\Apache2.2.11\conf\extra\httpd-vhosts.conf

Une fois que nous avons ouvert ce fichier dans NotePad++, nous pouvons ajouter ces lignes de code tout à la fin, à la suite du document donc :

```
<VirtualHost *:80>
DocumentRoot "c:/wamp/www/monsite"
ServerName www.monsite.com
</VirtualHost>
```

`DocumentRoot` correspond au chemin d'accès à la racine de votre projet et `ServerName` correspond au nom qui sera utilisé pour accéder au site.

Pour que les modifications soient prises en compte, pensez à redémarrer le serveur (relancer WAMP) et votre navigateur.

L'adresse http://www.monsite.com pointe désormais vers le dossier « mon-site » crée précédemment. C'est comme si le site était déjà en ligne.

WordPress pourra donc se bâtir sur la même URL que l'URL finale du nom de domaine.

2.3 PRISE EN MAIN DE WORDPRESS

L'installation terminée, on peut enfin prendre en mains WordPress. Un petit tour du propriétaire s'impose.

WordPress est découpé en deux parties :

- une partie publique dite « front office » ;
- une partie privée réservée à l'administration dite « back office ».

Partie publique (front office)

Le front office est tout simplement la partie publique du site tel qui sera visible sur le Web (figure 2.17). Son apparence (design) dépendra du thème activé. Pour y accéder, il suffit de taper le nom de domaine de votre site.

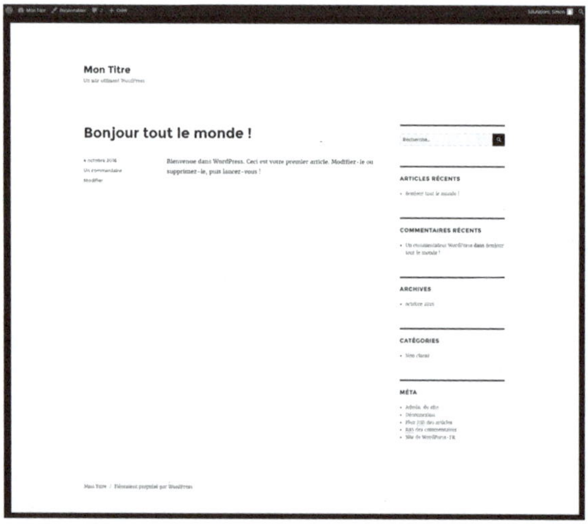

Figure 2.17 – Front office de WordPress (ici avec le thème WordPress par défaut : Twenty Sixteen)

Espace d'administration (back office)

Le back office est la partie privée réservée à l'administration du site. Seuls les utilisateurs enregistrés peuvent l'atteindre.

Pour y accéder : www.votre-nom-de-domaine.com/wp-admin/.

Une fois la page atteinte, un formulaire de login/mot de passe est à remplir (figure 2.18).

Figure 2.18 — Accès au back office de WordPress

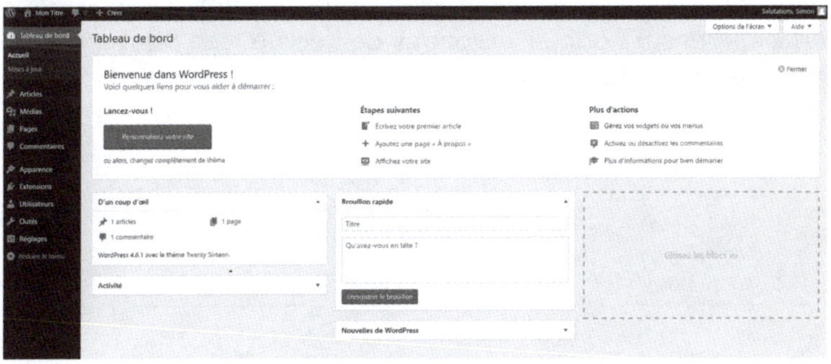

Figure 2.19 — Tableau de bord de WordPress

Une fois le processus d'identification terminé, le Dashboard (Tableau de bord) de WordPress s'ouvre (figure 2.19). Il permet de visualiser d'un simple coup d'œil le contenu de votre site (nombre de pages, d'articles, de commentaires...) et de prendre connaissance des « news » relatives au logiciel lui-même (alertes de sécurité, dernière version disponible...).

La barre latérale (figure 2.20) est l'autre composante essentielle du back office. Elle permet d'accéder à tous les menus de WordPress : Apparence, Outils, Réglages, etc.

Figure 2.20 – Barre latérale du tableau de bord

Chaque écran (accueil, articles, pages, commentaires...) est paramétrable en cliquant sur l'onglet « Options de l'écran » en haut à droite de l'écran. Il est ainsi possible de cocher / décocher les éléments de chacun des écrans (figure 2.21).

Figure 2.21 – Les options d'écran permettent de personnaliser l'affichage

Remarque – Il existe 8 thèmes de couleurs pour l'interface d'administration. Rendez-vous dans Utilisateurs > Votre profil (figure 2.22).

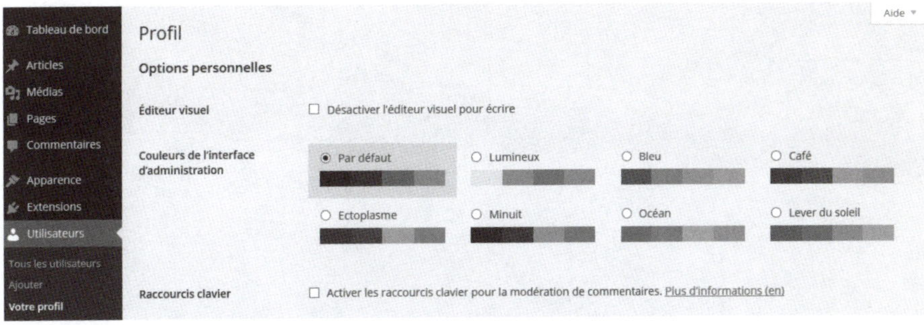

Figure 2.22 – Couleurs de l'interface d'administration

DEUXIÈME PARTIE

WordPress côté webmastering

3

Gestion fondamentale

3.1 GESTION DU CONTENU

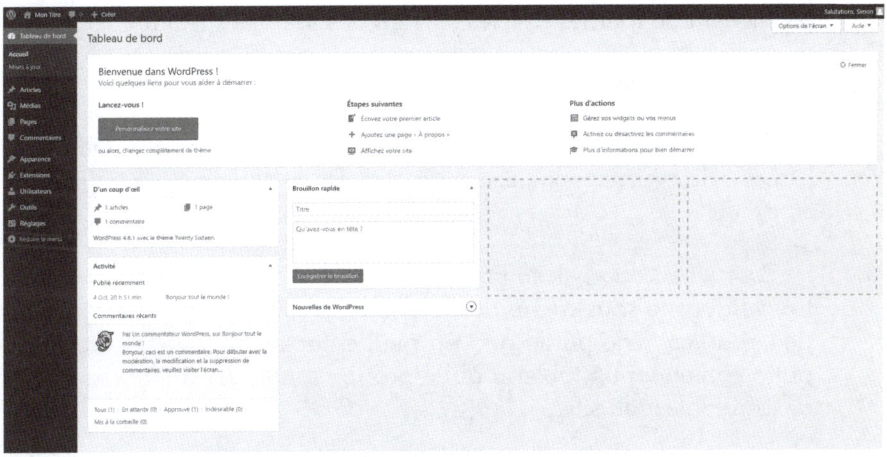

Tableau de bord de WordPress

Les articles

Un article (dit « billet » ou « post ») est la partie vivante de votre site. Sans article, un blog est vide. On considère les articles comme la partie dynamique, changeante, du site (comme une rubrique « actualités » par exemple). Par défaut un article est daté, pourvu de commentaires et appartient à un auteur.

Remarque importante – Un article est obligatoirement catégorisé. Dans une ou plusieurs catégorie(s).

Pour y accéder, il suffit de cliquer sur le bouton « Article » qui se trouve dans la barre latérale gauche. Un menu déroulant explicite fait son apparition et une liste avec tous vos articles apparaît ! Fort heureusement, des filtres sont là pour vous aider. On peut trier les articles par catégories, date de création, article publié, brouillon, etc.

Dans les options d'écran : plusieurs choix s'offrent à nous. On peut choisir quels éléments doivent être affichés dans la liste ou non. À savoir : l'auteur, les tags, les catégories, le nombre de commentaires et la date. Le nombre des rubriques affichées est également modifiable à cet endroit.

Il est possible de cocher plusieurs articles pour leur appliquer une même action. Lors du survol d'un titre d'article, un menu secondaire apparaît : vous pouvez alors éditer, supprimer ou voir l'article. Pour accéder à un article : il suffit simplement de cliquer sur son titre.

Les catégories

Une catégorie regroupe un ou plusieurs articles (pas de page). Elles permettent de trier les articles suivant des thèmes spéciaux.

Remarque importante – Il y a au minimum une rubrique : impossible de supprimer la dernière rubrique (qui sera automatiquement la rubrique par défaut). Supprimer une catégorie ne supprime pas les articles qu'elle contient. Les articles affectés uniquement à la catégorie supprimée seront affectés à celle par défaut.

Pour y accéder, il suffit de cliquer sur le lien « Catégories » qui se trouve dans le sous-menu déroulant de la rubrique « Article ». On y trouve deux parties. Une partie où l'on peut créer une nouvelle catégorie et une autre contenant un tableau qui regroupe toutes les catégories (parentes et descendantes) du site.

Les options d'écrans permettent de choisir l'affichage des descriptions, du nombre d'articles, des identifiants dans la liste ainsi que le nombre des rubriques affichées.

Pour créer une catégorie, il suffit de remplir les champs se trouvant sur la gauche. Tout d'abord lui donner un nom, définir (ou non) une éventuelle catégorie mère. La description est facultative : une grande partie des thèmes ne l'affiche pas. L'identifiant est généré automatiquement si vous laissez le champ vide. Bien entendu, n'oubliez pas de cliquer sur le bouton « Ajouter une catégorie » !

Les pages

Dans la forme, une page ressemble beaucoup à un article : titre, auteur, commentaire... Mais seulement dans la forme ! WordPress considère en effet les pages comme un contenu à part, hors du flux des articles, et qui n'évoluera pas énormément dans le temps : c'est un contenu permanent (il peut s'agir par exemple d'une page de contact ou de présentation d'une entreprise).

Remarque importante – Les pages sont indépendantes des articles et des catégories. Elles ne peuvent donc pas être catégorisées. Par contre, elles peuvent créer une arborescence : page mère, enfant...

Pour y accéder, il suffit d'un simple clic sur le bouton « Pages » de la barre latérale. Les mêmes filtres apparaissent pour trier toutes vos pages.

Les options d'écran sont pratiquement les mêmes que celle des articles, avec toutefois moins de choix. On peut donc choisir l'auteur, le nombre de commentaires et la date. Le nombre d'éléments affichés dans la liste est également modifiable.

Pour créer une page, il suffit de cliquer sur le bouton « Ajouter ».

Remarque importante – Pour résumer :
Article = Informations volatiles dans le temps (Actualités...)
Page = Informations persistantes dans le temps (« À propos », « contact », etc.)

Page statique vs page dynamique

Comme vous le savez peut-être, WordPress est composé d'articles et de pages dites statiques. Or dans un environnement technique, « statique » signifie que le code HTML est en « dur » : il n'y a pas de gestion dynamique du contenu (comme avec PHP et une base de données par exemple).

Une page WordPress est bien entendu dynamique puisqu'on peut changer son contenu. Alors pourquoi désigne-t-on ces pages comme « statiques » ? Il faut chercher dans le passé. En effet, à l'origine, WordPress était uniquement destiné à la création d'un blog ; et afficher des articles était donc son principal usage. Les pages statiques étaient donc destinées à l'affichage d'informations durables dans le temps, comme par exemple la présentation de l'auteur.

Dans WordPress, « statique » signifie plutôt que le contenu de cette page ne va pas changer tous les jours (contrairement aux articles).

Les types de contenus personnalisés

Ces contenus appelés « *Custom post types* » en anglais permettent de publier du contenu spécifique (livres, films, etc.). Pour faire simple ce sont des « articles personnalisés » qui ne font pas partie du flux d'articles standard de WordPress.

Cette fonctionnalité n'est pas activée par défaut dans un thème. Ne soyez donc pas surpris si vous ne voyez pas ce type d'élément dans la barre latérale d'administration.

Lorsque le thème activé propose des « *Custom post types* », ils apparaissent dans la barre latérale. Pour y accéder, il suffit de cliquer sur l'intitulé du type de contenu qui se trouve en dessous du signet « Commentaires » (figure 3.1).

Figure 3.1 – Exemple de contenu personnalisé : projets

3.2 PUBLICATION D'UN ARTICLE OU D'UNE PAGE

Présentation de l'interface

Pour publier un article ou une page, l'interface de publication est sensiblement la même. L'article ayant des caractéristiques que la page n'a pas, l'inverse étant également vrai.

Commençons donc par les éléments communs : le champ titre, le contenu principal, les champs personnalisés (nous en parlons dans la partie Template avancé) et le panneau de publication.

Voici la marche à suivre :

1. Donner un titre,

2. Remplir le contenu principal,
3. Publier l'article.

Pour publier l'article, plusieurs choix s'offrent à nous : soit le publier tout de suite, à une date et à une heure données, soit le sauvegarder à l'état de brouillon pour y revenir plus tard. C'est également grâce au panneau de publication que nous pourrons voir un aperçu de notre travail.

Les parties communes aux pages et aux articles

Gérer sa publication

On peut déterminer si un article (ou une page) sera public (visible par tous), privé (visible par les membres uniquement) ou protégé par un mot de passe. Il est possible de prévoir ou de modifier la date de publication d'un article ou d'une page (Figure 3.2).

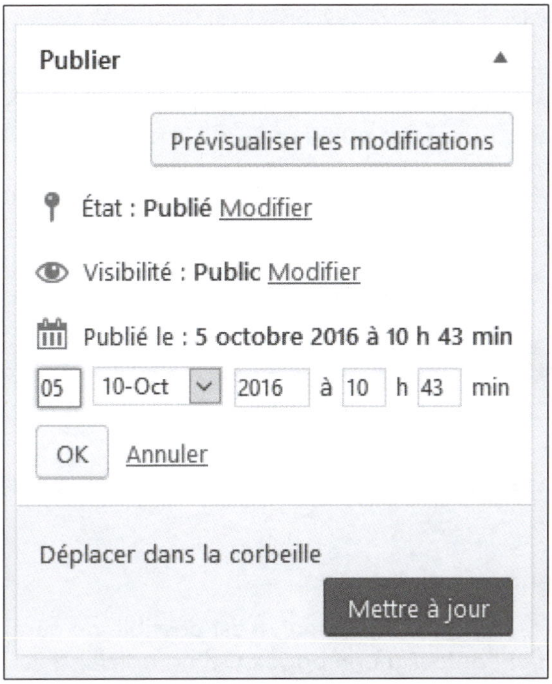

Figure 3.2 – Modification de la visibilité et de la date de publication

L'image à la une

Il est possible d'ajouter une « Image à la une » (figure 3.3) pour associer une miniature (ou plutôt une image dédiée) à un article. Cette fonction peut être disponible pour les articles et les pages, mais également pour les Custom Post Type (articles personnalisés).

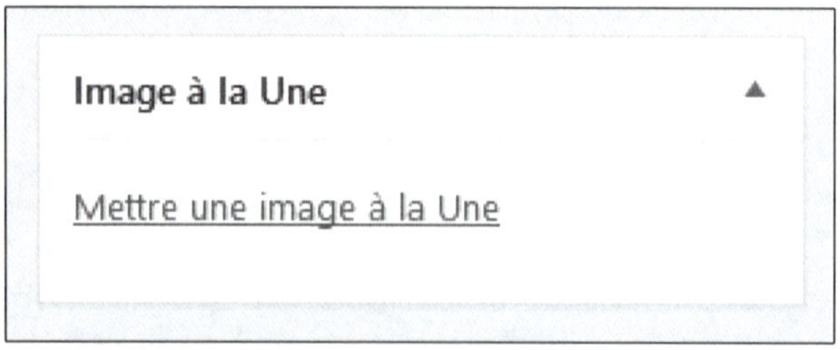

Figure 3.3 – Les différents formats d'article possibles

Identifiant

Par défaut, c'est le titre qui est sous forme normalisée (sans espace, sans caractères spéciaux...). C'est lui qui sera utilisé lorsque vous aurez activé les permaliens. Ainsi vous aurez une URL propre.

> **Rappel** – L'onglet « Options de l'écran » se trouvant en haut à droite permet d'afficher les blocs cachés.

Figure 3.4 – L'identifiant est présent dans l'URL si les permaliens sont activés

Commentaires et Auteur

Comme leurs noms l'indiquent, il est possible de gérer les commentaires et de modifier l'auteur d'une page ou d'un article.

Les champs personnalisés

Les champs personnalisés peuvent être utilisés afin d'ajouter des données supplémentaires à vos articles et à vos pages (figure 3.5). Attention, ils ont un lien direct avec le template. On en parle au chapitre 7.

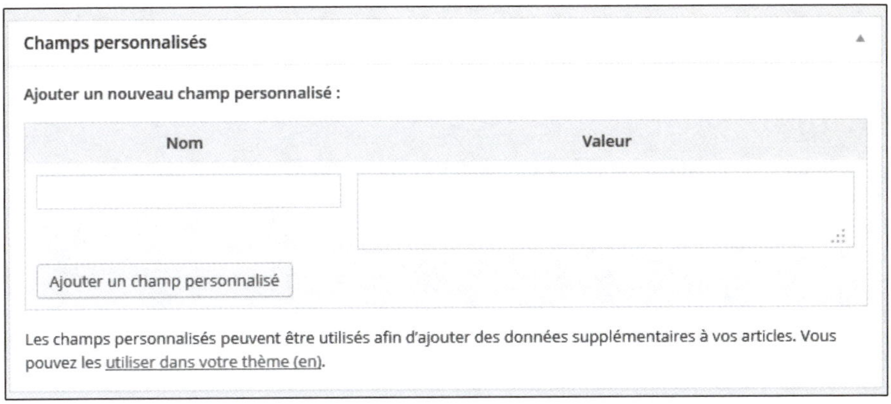

Figure 3.5 – Champs personnalisés

La partie propre aux articles

Les catégories

On peut directement choisir à quelle(s) catégorie(s) l'article va appartenir (figure 3.6). On peut ajouter des tags (mots-clés) à nos articles. Il ne faut pas les négliger car ils peuvent être très utiles pour le moteur de recherche ou votre thème (pour afficher des articles similaires par exemple).

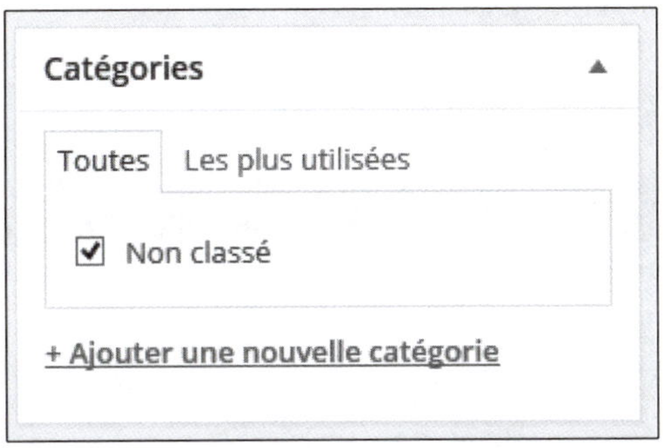

Figure 3.6 – Le panneau Catégories des articles

Les formats d'articles

Les formats d'articles (figure 3.7) de WordPress permettent de formater un contenu selon qu'il s'agisse d'une image, d'une brève, d'un lien ou même d'une vidéo à la manière du service Tumblr.

Remarque – Suivant le template activé, il est possible que les formats d'articles ne soient pas pris en compte.

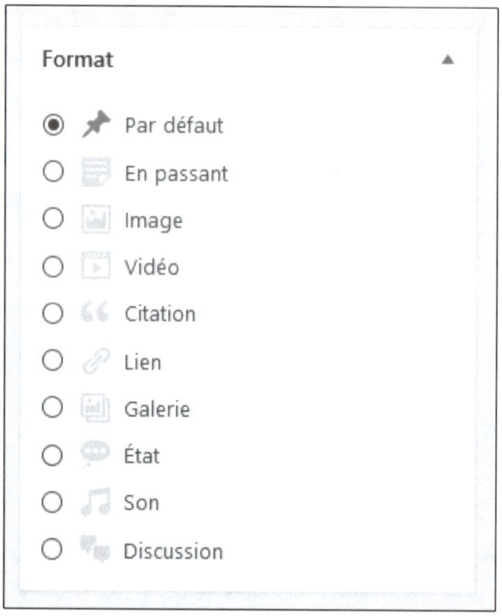

Figure 3.7 – Les différents formats d'article possibles

L'extrait

Les « extraits » sont des résumés facultatifs de vos articles, écrits à la main (figure 3.8). Il se peut que votre thème activé s'en serve (à afficher grâce aux options d'écran).

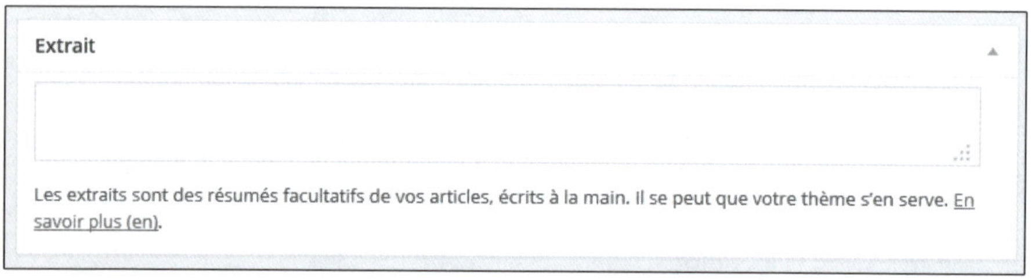

Figure 3.8 – L'écran Extrait

Les Étiquettes

Les mots clés ou « Tag » (figure 3.9) sont des étiquettes permettant de retrouver facilement un article notamment en utilisant le moteur de recherche.

Figure 3.9 — Les Étiquettes

Les révisions

WordPress garde une version de chaque sauvegarde de votre article (figure 3.10). Il est ainsi possible de revenir aisément à une version antérieure.

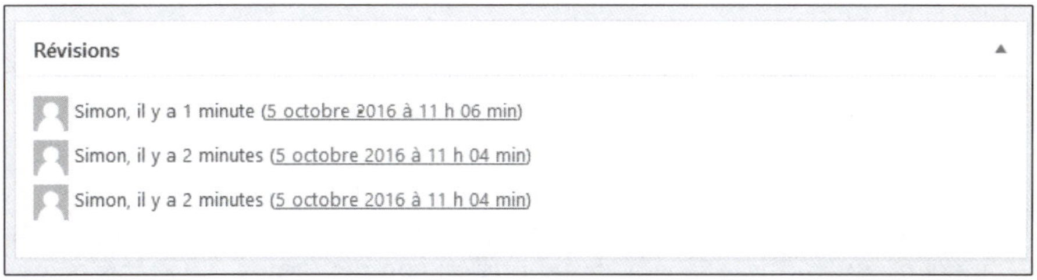

Figure 3.10 — Les révisions

La partie propre aux pages

Le panneau Attributs (figure 3.11) est important car il permet d'appliquer un thème, plus précisément un modèle de page, différent à chaque page.

On peut par exemple créer une page d'accueil qui a un modèle de page (nous en parlons dans la troisième partie de cet ouvrage) spécifique par rapport aux autres pages du site. Dans le thème installé par défaut, il n'y a pas de modèle de page. La liste déroulante est donc absente.

C'est à cet endroit que l'on peut gérer l'ordre des pages (par défaut, l'ordre est alphabétique).

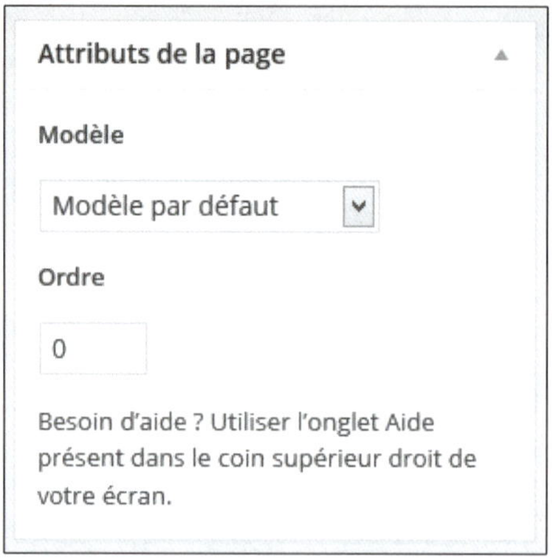

Figure 3.11 — Le panneau Attributs propre aux pages

Mise en forme du contenu

Une barre d'outils ressemblant à celle des logiciels de traitement de texte est présente pour nous aider à embellir nos articles ou nos pages. Mais attention, cette ressemblance n'est qu'esthétique (pour ne pas déstabiliser les standards)...

Un CMS permet de mettre du contenu en ligne. Tout le côté esthétique est géré par les feuilles de style CSS. Rappelez-vous : séparation de la forme et du contenu !

Exemple : Si vous choisissez le format « Titre1 » dans la barre d'outils, votre texte va bien entendu voir sa taille augmenter, ce qui prouve uniquement que le formatage a bien été pris en compte (figure 3.12). En revanche, dans la partie publique, le résultat est totalement différent, car les feuilles de style font leur travail (figure 3.13).

En choisissant le format « Titre1 », WordPress a généré le code HTML adéquat (<h1>). Ainsi, cette balise va être stylée comme les CSS l'indiquent et non comme l'éditeur l'indique. Cette notion fondamentale bien comprise, nous pouvons passer à la suite.

Cliquer sur le signet « Texte » vous permettra de comprendre et de voir le code HTML généré par WordPress. Si vous avez des aptitudes à comprendre ce langage, un petit coup d'œil s'impose : la confiance n'exclut pas le contrôle.

Dans la barre d'outils, tous les standards de mise en forme sont présents : alignement, tabulation, couleur, listes, citations, correcteur d'orthographe, historique des actions, soulignement...

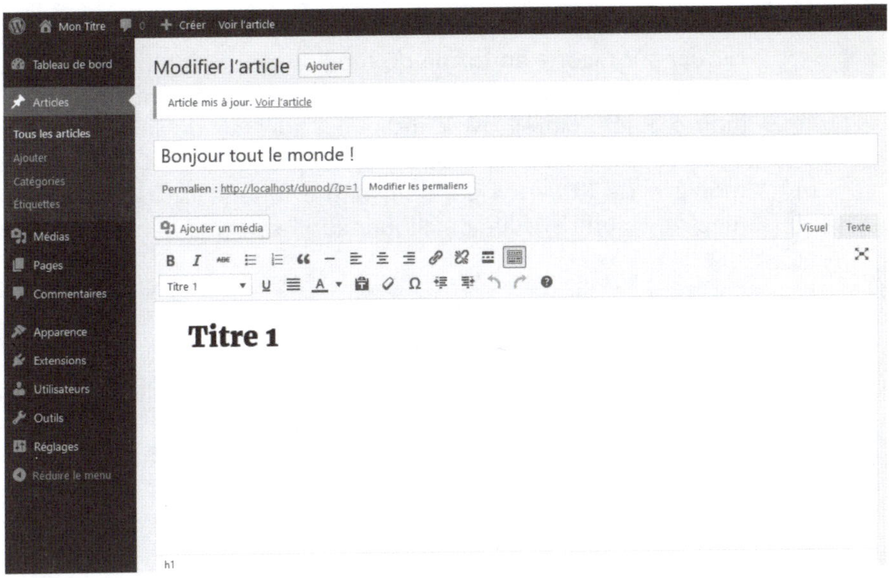

Figure 3.12 – Résultat dans la partie back-office

Figure 3.13 – Résultat dans la partie front office : présence de soulignement, police différente et taille différente

Pour notre part, nous allons nous intéresser plus particulièrement aux outils propres au Web : créer un lien hypertexte, insérer un lien « Lire la suite » et gérer un copier/coller depuis Word (ou autres logiciels de traitement de texte).

- Pour créer un lien hypertexte, il suffit de sélectionner l'élément et de cliquer sur l'icône en forme de maillon de chaîne (figure 3.14).
  Une fenêtre modale présentant différentes options apparaît alors (figure 3.15). Après avoir indiqué l'adresse du lien (externe ou en choisissant directement une page interne), vous pouvez choisir la manière de l'ouvrir : dans la même fenêtre ou dans une nouvelle fenêtre. Il suffit ensuite de cliquer sur Insérer pour rendre le lien actif.

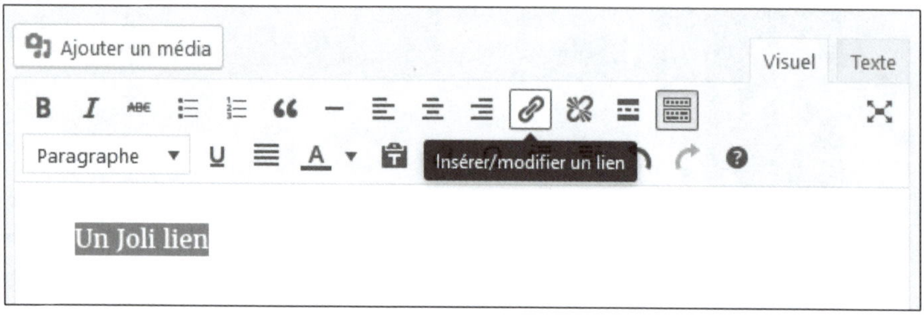

Figure 3.14 – Créer un lien hypertexte

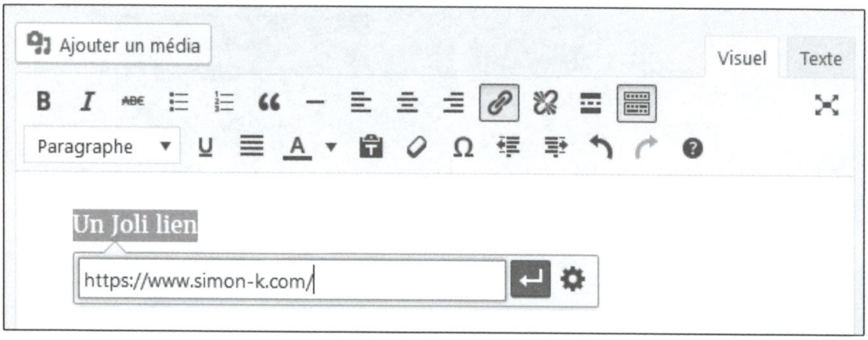

Figure 3.15 – Insérer un lien hypertexte

- Pour créer un lien « Lire la suite », placez le curseur à l'endroit où vous souhaitez insérer ce lien (figure 3.16). WordPress insérera alors une balise « More ». Cette option peut s'avérer très utile : si l'un de vos articles est très long et qu'il est affiché sur la page d'accueil, il est alors possible de le segmenter pour que seule l'une de ses parties s'affiche.
- Pour gérer un copier/coller depuis Word (ou autres), rien de plus simple : un bouton spécial vous permet de contourner l'aventure périlleuse du copier/coller depuis des logiciels de traitement de texte (les styles préformatés qui leur sont propres risquent en effet de créer

de nombreux problèmes d'affichage). Dans la fenêtre modale qui apparaît, il suffit simplement de copier votre texte puis de cliquer sur Coller en texte (figure 3.17). Votre texte est désormais nettoyé de ses styles et exploitable.

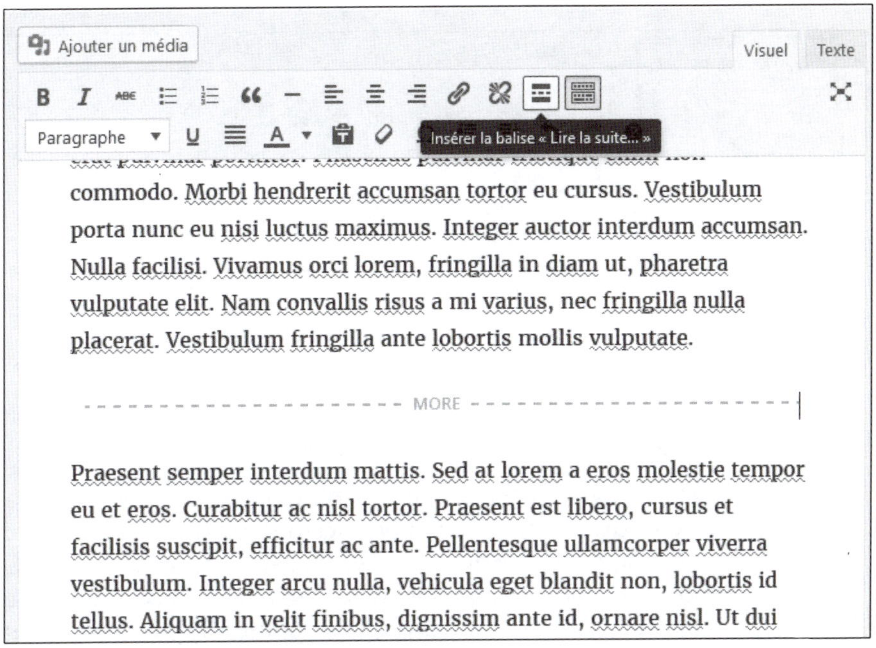

Figure 3.16 – Insertion du lien « Lire la suite »

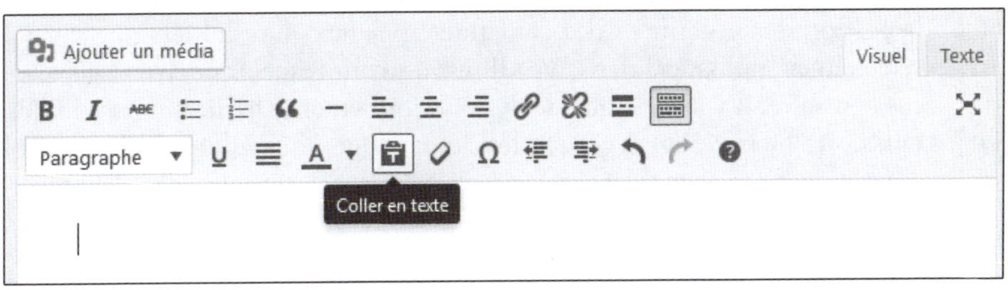

Figure 3.17 – Coller depuis un logiciel de traitement texte

Insertion de médias

Après la mise en forme du contenu il est temps désormais de l'enrichir d'images, de vidéos et de documents... Pour ce faire, déplacez-vous au-dessus de la barre d'outils. Vous y trouverez un bouton « Ajouter un Média » (figure 3.18).

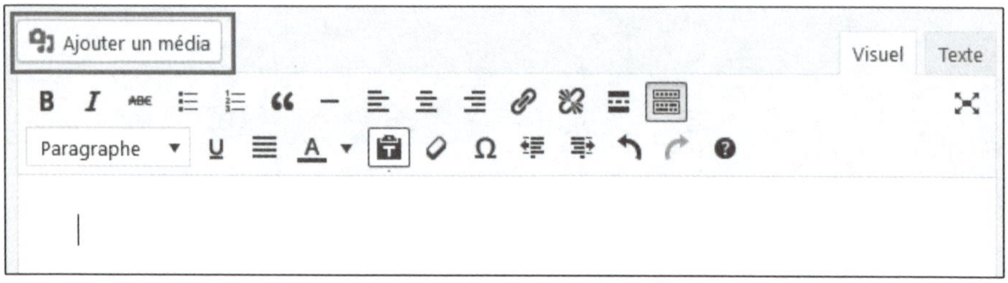

Figure 3.18 — Barre d'insertion des médias

Une fenêtre modale avec 2 options apparaît alors :

- **Envoyer des fichiers** : permet d'uploader un média qui se trouve sur votre disque dur. Il suffit pour cela d'aller le chercher en cliquant sur le bouton « Sélectionner des fichiers » ou de faire un Glisser / déposer de votre disque dur vers cette fenêtre. Selon votre hébergeur, la taille est limitée : il faudra passer par le FTP pour des fichiers plus lourds.
- **Bibliothèque de médias** : permet de récupérer un média déjà présent dans la bibliothèque des médias.

Remarque – Le monde du Web a ses propres règles, notamment concernant la gestion des accents et des caractères spéciaux. Les fichiers que vous allez télécharger (uploader) dans WordPress doivent respecter cette règle. Dans le cas contraire, il y a un risque de dysfonctionnement (fichiers inaccessibles). Il faut donc bien veiller à ce que les fichiers que vous allez télécharger soient correctement nommés (pas d'espace, pas de majuscule, pas de caractères spéciaux...).

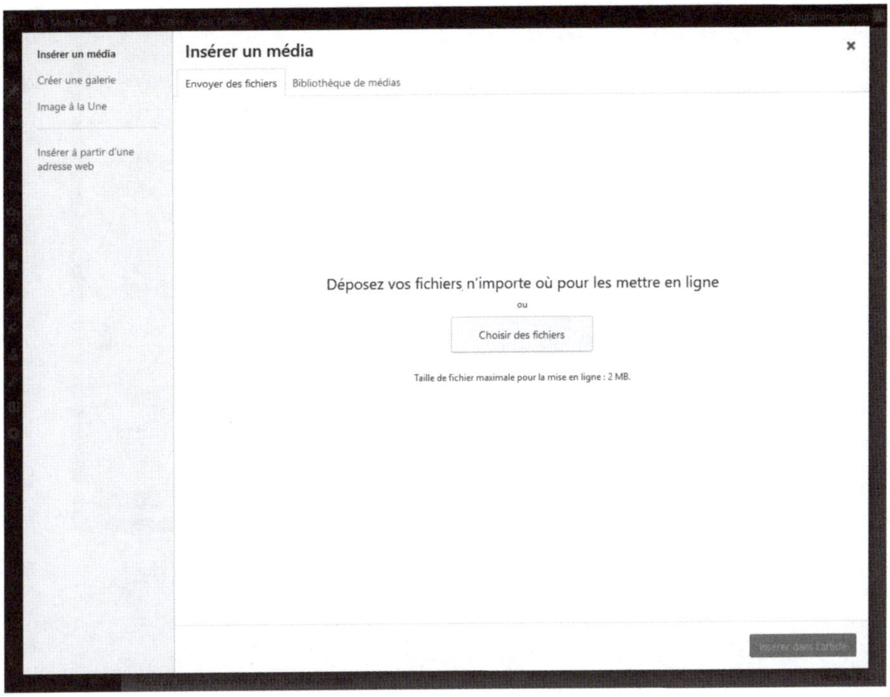

Figure 3.19 – Fenêtre modale des médias

Images

Si vous avez choisi de télécharger une image dans WordPress une dernière étape est nécessaire avant de pouvoir l'insérer dans l'article.

Il s'agit de définir les paramètres de l'image : son titre, son texte alternatif, sa description, son lien hypertexte, son alignement et sa taille (figure. 3.20).

Vous avez également la possibilité de l'éditer, de la retoucher, de la recadrer ou de la redimensionner (figure 3.21) en cliquant sur « modifier l'image ». C'est tout de même bien pratique, même si rien ne vaut la préparation (en local et avec les logiciels appropriés) de vos images, avant la mise en ligne.

Une fois cette étape terminée, vous pouvez cliquer sur le bouton Insérer dans l'article. L'image est désormais visualisable directement à l'intérieur. Bien entendu, elle reste modifiable. Au survol de la souris sur l'image, plusieurs icônes apparaissent : celles qui permettent de gérer l'alignement, une permettant de supprimer l'image de l'article (et non de la bibliothèque) et une autre permettant la modification (figure 3.22).

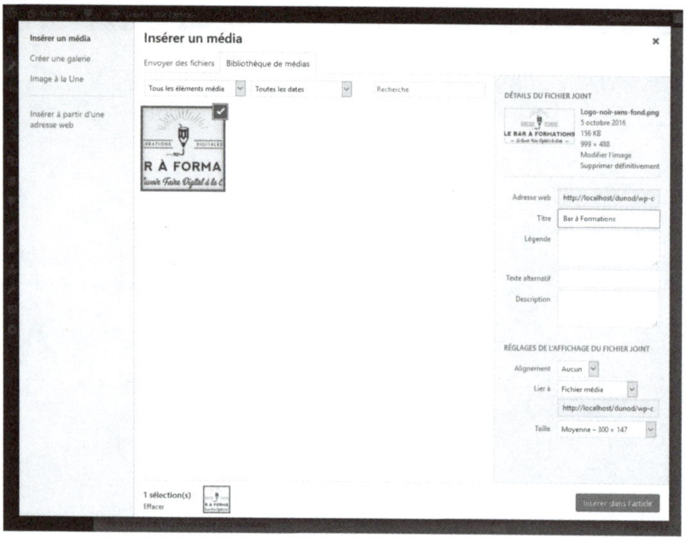

Figure 3.20 – Paramètres de l'image

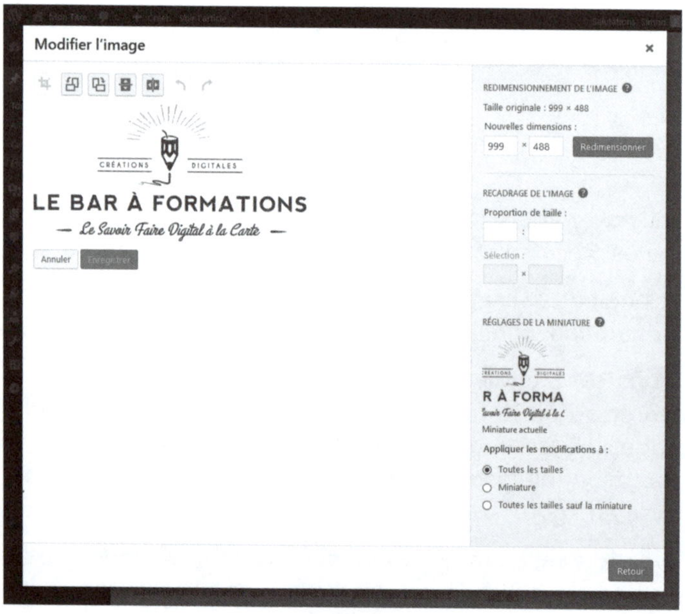

Figure 3.21 – Possibilité de retouches

Figure 3.22 – Les accès rapides Suppression ou Modification de l'image

Vidéos

Pour l'insertion de vidéos, vous pouvez très bien passer par la solution précédente. Mais dans ce cas, un simple lien sera inséré vers cette vidéo (comme si l'on uploadait un document PDF). Par ailleurs, sachez qu'un hébergement standard n'est pas du tout adapté aux vidéos, contrairement à un serveur streaming comme Youtube, Dailymotion ou encore vimeo... : le visiteur devra attendre le téléchargement complet de la vidéo avant de pouvoir la regarder et votre bande passante en prendra un sacré coup.

Il est plus intéressant d'insérer une vidéo de Youtube, Dailymotion ou Vimeo directement sur votre site. Il vous faudra pour cela mettre les mains dans le code HTML (rien de compliqué, rassurez-vous).

Mais dans un premier temps, rendez-vous sur le site où se trouve la vidéo convoitée (par exemple vimeo.com). Il y a généralement un bouton « Embed » ou « Partager » près de la vidéo. Il suffit de cliquer dessus pour pouvoir accéder au code HTML et le copier (figure 3.23).

Vous pourrez ensuite le coller dans l'article grâce à l'éditeur HTML de WordPress (figure 3.24).

Un simple clic sur le bouton « Publier l'article (ou la page) » et la vidéo se trouve maintenant intégré sur votre site !

3.3 GESTION DES MÉDIAS

Bibliothèque des médias

C'est le réservoir de votre site. Il contient tous les médias uploadés sur le site.

Figure 3.23 – Code HTML de la vidéo

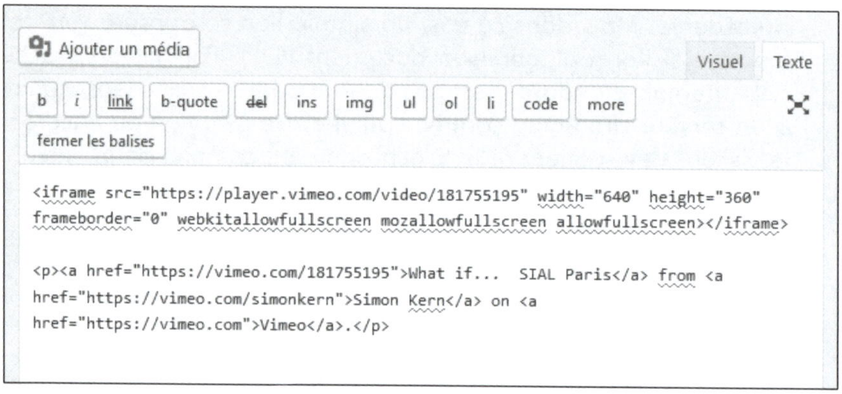

Figure 3.24 – Code HTML de la vidéo collé dans l'éditeur HTML de WordPress

Remarque importante – Durant la rédaction d'un article, chaque élément uploadé est directement intégré dans la bibliothèque des médias.

Pour y accéder, il suffit de cliquer sur l'onglet « Médias » qui se trouve dans la barre latérale. Une liste recensant tous nos médias apparaît alors. Fort heureusement des filtres sont là pour vous aider. Vous pouvez trier les médias par date ou par type. Un moteur de recherche interne est même présent.

Tous ces médias sont stockés dans le répertoire « wp-content/uploads » de WordPress. Il est possible de changer ce chemin dans les réglages.

Ajouter/Supprimer des médias

Il est possible d'ajouter un fichier directement dans la bibliothèque, sans passer par la rédaction d'un article ou d'une page.

Dans le sous-menu de la partie Médias, cliquez sur « Ajouter ». Il ne reste alors plus qu'à choisir son média et le tour est joué ! Il sera inséré dans la bibliothèque et désormais intégrable dans vos articles ou dans vos pages.

3.4 GESTION DES COMPTES UTILISATEURS

Le compte Administrateur

Le compte Administrateur, c'est le compte qui a tous les droits. Une expression simple à retenir : *si vous êtes administrateur vous êtes Dieu*. Il peut donc tout faire ! Faites donc bien attention lorsque vous donnez ce statut à une tierce personne.

Rappelez-vous : dès l'installation, WordPress crée automatiquement un compte. C'est celui de l'administrateur (sûrement vous-même).

Les différents niveaux d'utilisateurs

Fort heureusement, WordPress possède une gestion des droits avec plusieurs niveaux pour chaque utilisateur. On y trouve ainsi plusieurs rôles :

- Administrateur
- Éditeur
- Auteur
- Contributeur
- Abonné

Chaque rôle possède ses propres droits (tableau 3.1). Celui ayant le moins de droit est l'abonné : il ne peut guère laisser autre chose que des commentaires (si toutefois vous avez activé cette option dans les réglages de WordPress).

Pour de plus amples informations concernant les droits des utilisateurs WordPress, vous pouvez consulter ce site :
http://codex.wordpress.org/User_Levels.

Tableau 3.1 — Droits des utilisateurs sous WordPress

	Admin.	Éditeur	Auteur	Contributeur	Abonné
Écrire un article	Oui	Oui	Oui	Oui	Non
Publier un article	Oui	Oui	Oui	Non	Non
Gestion des articles	Oui	Oui	Oui (les siens)	Non	Non
Création d'une page	Oui	Oui	Non	Non	Non
Gestion des pages	Oui	Oui	Non	Non	Non
Gestion des catégories	Oui	Oui	Non	Non	Non
Gestion des commentaires	Oui	Oui	Oui (les siens)	Non	Non
Gestion des templates	Oui	Non	Non	Non	Non
Gestion des plugins	Oui	Non	Non	Non	Non
Gestion des utilisateurs	Oui	Non	Non	Non	Non
Gestion des options	Oui	Non	Non	Non	Non
Édition du profil	Oui	Oui	Oui	Oui	Oui

Créer un nouveau compte

Dans le sous-menu de la partie Utilisateurs, cliquez sur Ajouter. Il ne vous reste plus alors qu'à remplir les champs et surtout à indiquer le rôle de ce nouvel utilisateur.

Conseil : ne créez pas un compte ayant comme identifiant « admin ». Dans les versions antérieures de WordPress, « admin » était l'identifiant généré par défaut. Cela posait des soucis de sécurité...

Gestion des comptes

Un utilisateur à supprimer ou au contraire à promouvoir ? Aucun souci, WordPress sait faire cela. Dans le sous-menu de la partie Utilisateurs il suffit simplement de cliquer sur Auteurs et utilisateurs. Vous y trouverez une liste recensant tous les utilisateurs. Il est d'ailleurs possible d'afficher uniquement les administrateurs.

Pour supprimer un utilisateur, cochez la case correspondante et choisissez dans la liste « Supprimer », puis cliquez sur « Appliquer ». Cet utilisateur est désormais supprimé définitivement.

Pour modifier les données d'un utilisateur, un clic sur son nom permet d'accéder à son profil où tout est modifiable : son rôle, son adresse e-mail, son mot de passe, etc.

Gérer son profil

Une information sur vous-même à modifier ? C'est très simple : rendez-vous dans le sous-menu Votre profil. Vous pouvez alors changer toutes les données vous concernant : mot de passe, biographie, etc.

3.5 GESTION DES MENUS PERSONNALISÉS

Présentation de l'interface

Pour accéder à la gestion des menus il suffit de cliquer sur la sous-partie « Menus » du signet « Apparence » (figure 3.25).

> **Remarque** – Avant de pourvoir créer et de gérer un menu, il est logique d'avoir déjà créé au préalable des articles, des pages ou des catégories.

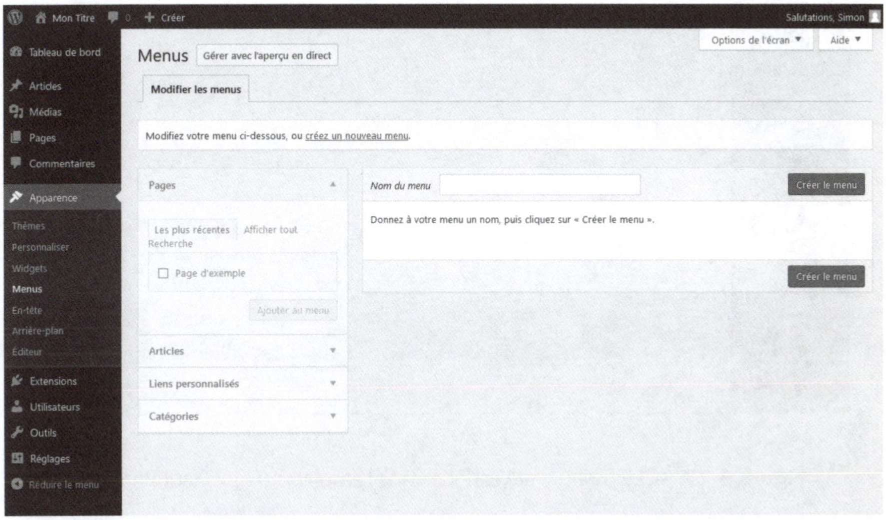

Figure 3.25 – Interface d'administration des menus

Création d'un menu personnalisé

Avant de pouvoir placer des éléments (liens, pages, catégories) dans un menu il faut d'abord le créer ! Rien de plus simple : donnez-lui un nom, par exemple « mon menu » et cliquez sur le bouton « Créer un menu » (figure 3.26).

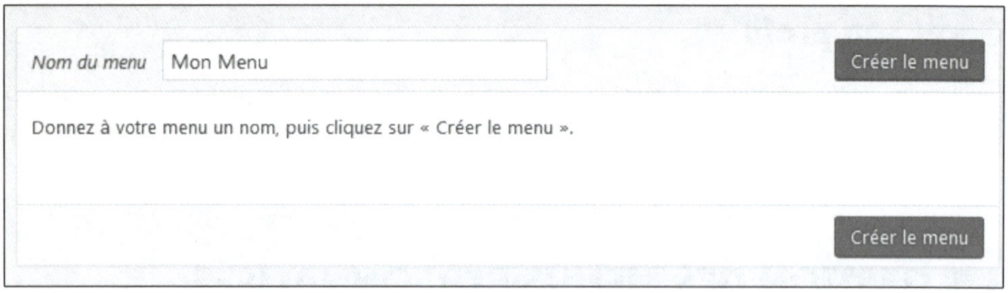

Figure 3.26 – Panneau de création d'un menu

Une fois cette étape passée, une boîte nous invite à créer la structure du menu ainsi que de le régler (figure 3.27).

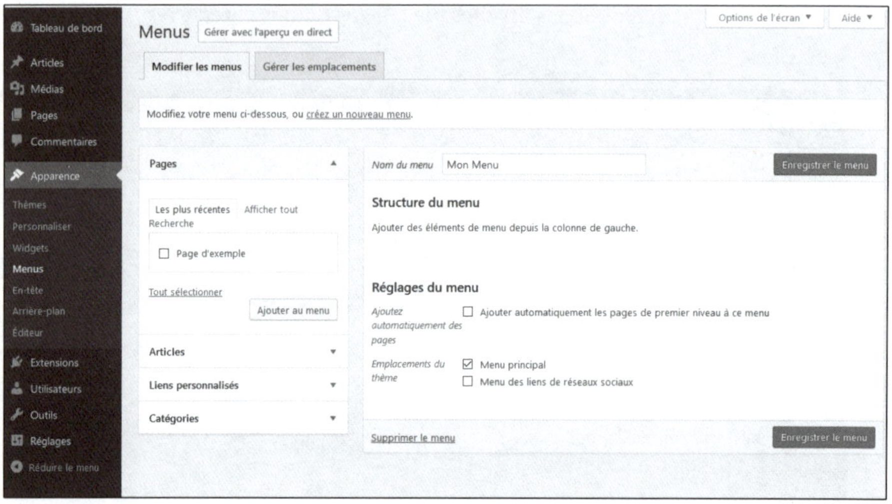

Figure 3.27 – Le menu a été assigné dans l'emplacement « Haut Principal » de ce thème

Note – Pour ajouter un menu supplémentaire il suffit de cliquer sur le lien « Créez un nouveau Menu » Pour supprimer le menu, cliquez sur le lien « Supprimer le menu ».

Vue d'ensemble

Une fois le menu créé et placé, nous allons pouvoir le remplir ! À gauche de l'écran se trouvent 4 rubriques : « Pages », « Articles », « Liens personnalisés » et « Catégories » (figure 3.28).

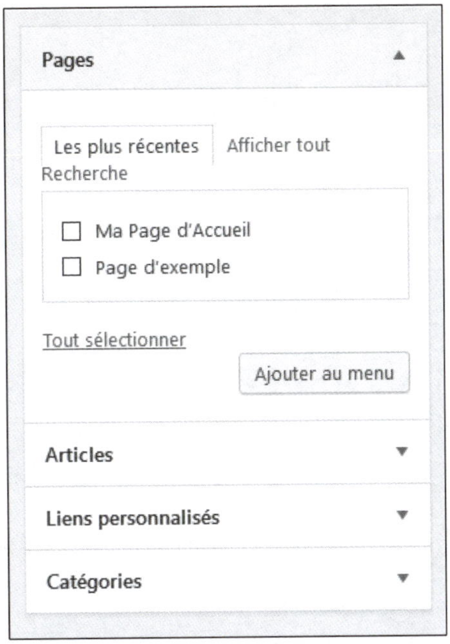

Figure 3.28 – Le menu a été assigné dans l'emplacement « Haut Principal » de ce thème

Le panneau « Liens personnalisés» permet d'ajouter un lien de votre choix (figure 3.29). Après avoir renseigné l'URL et son nom, un simple clic sur « Ajouter au menu » fera l'affaire.

Ne pas oublier de cliquer sur le bouton « Enregistrer le menu » dans le panneau du menu courant pour qu'il prenne en compte ces nouveaux éléments (figure 3.30).

Ajout d'une ou plusieurs pages

Ce panneau permet d'ajouter une ou plusieurs pages au menu courant. Des signets permettent de « trier » les pages les plus récentes ou l'ensemble des pages. Ils permettent également la recherche d'une page précise (figure 3.31).

Une liste de pages avec des cases à cocher apparaîtra alors sous les signets. Pour les ajouter au menu courant, il suffit de cliquer sur le bouton « Ajouter au menu ».

Ne pas oublier là encore de cliquer sur le bouton « Enregistrer le menu » dans le panneau du menu courant pour qu'il prenne en compte ces nouveaux éléments.

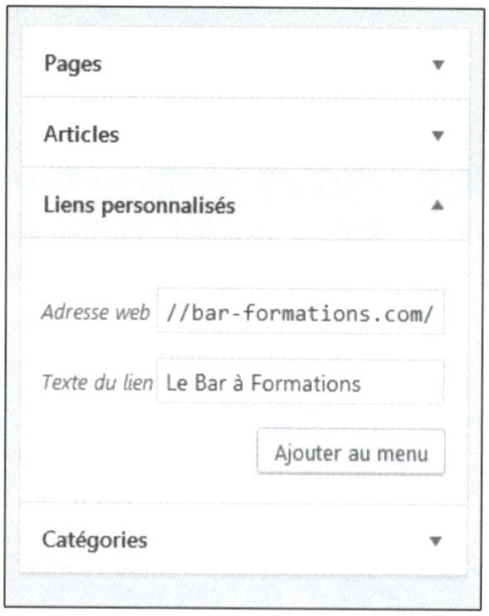

Figure 3.29 – Panneau d'ajout d'un lien

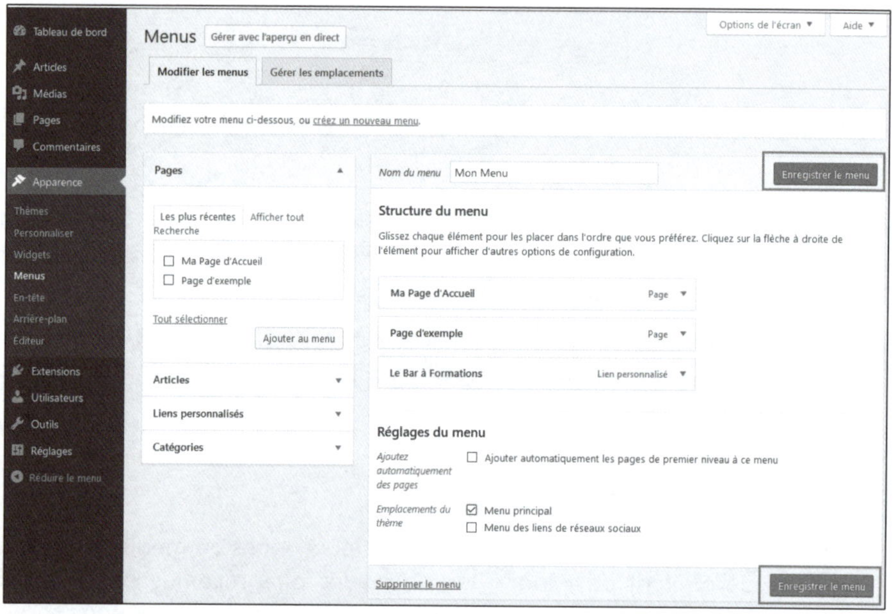

Figure 3.30 – Bouton « Enregistrer le menu »

Ajout d'une ou plusieurs catégories

Ce panneau permet d'ajouter une ou plusieurs catégories au menu courant (figure 3.32). Le fonctionnement est le même que pour le panneau des pages.

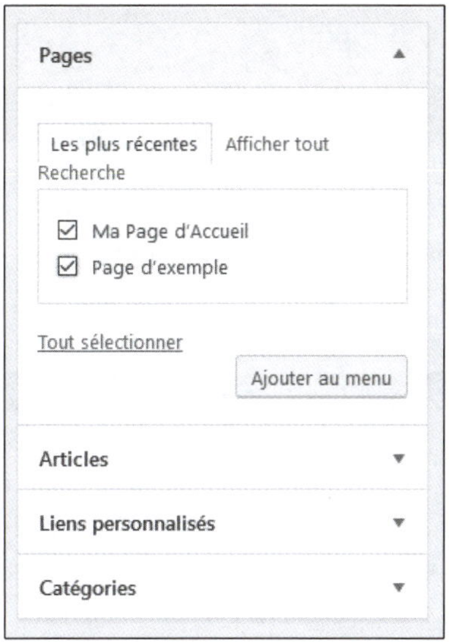

Figure 3.31 – Panneau d'ajout des pages

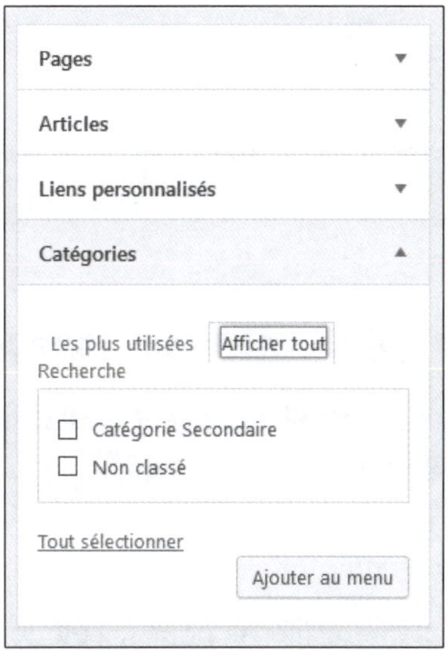

Figure 3.32 – Panneau d'ajout d'une ou plusieurs catégories

Définir l'emplacement des menus

Après création d'un menu, un signet « Gérer les emplacements » apparaît (figure 3.33). En cliquant dessus, vous arrivez à une interface qui liste tous les emplacements du thème. Il est possible que certains thèmes n'aient aucun emplacement... Chaque thème possède ses propres emplacements. À vous de choisir l'emplacement de chaque menu en cliquant sur « Enregistrer les modifications ».

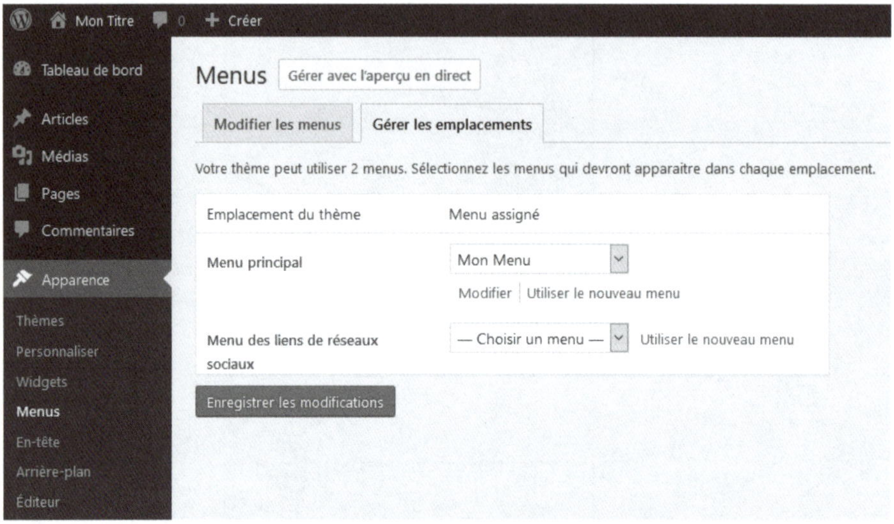

Figure 3.33 – Le menu a été assigné dans l'emplacement « Haut Principal » de ce thème

Gérer les éléments d'un menu personnalisé

Lorsqu'un menu personnalisé contient plusieurs éléments, nous pouvons les gérer et les organiser.

Éditer un élément d'un menu

Pour éditer un élément (liens, pages, catégories), il suffit de cliquer sur la flèche grisée de droite. Un volet déroulant fera alors apparaître les paramètres (figure 3.34).

Après modification, n'oubliez pas de cliquer sur le bouton « Enregistrer le menu ».

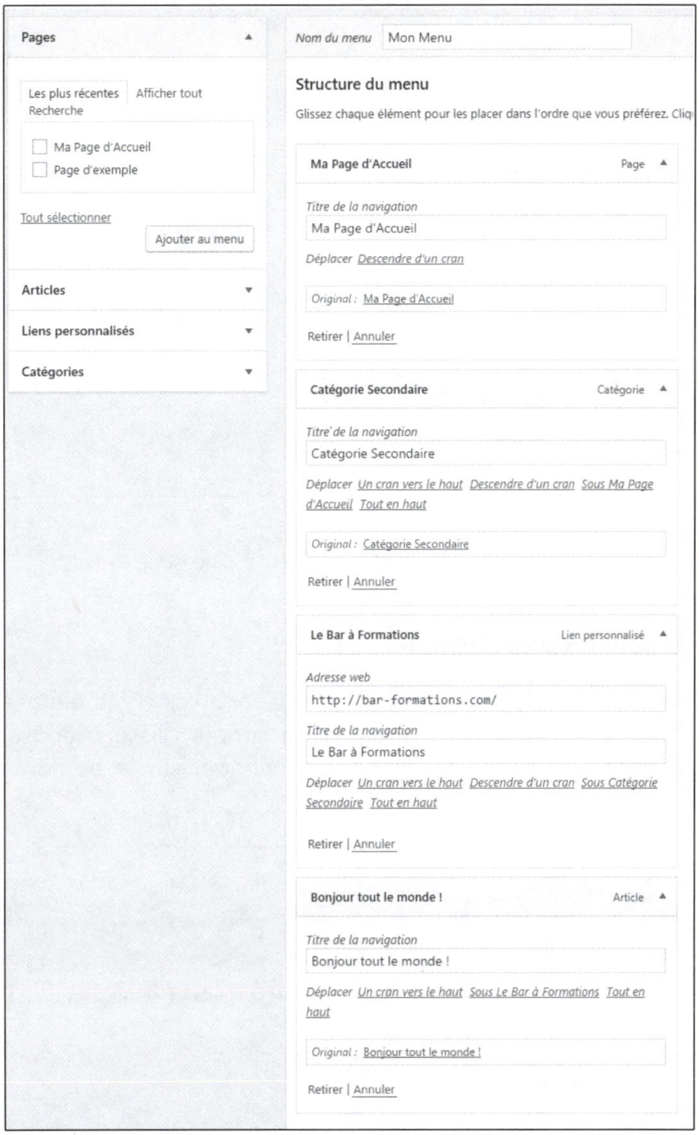

Figure 3.34 – Édition des éléments (page, catégorie, article, lien)

Définir l'ordre des éléments d'un menu

Pour éditer l'ordre des éléments, un simple « drag-and-drop » (glisser/déposer) suffit (figure 3.35).

Après modification n'oubliez pas de cliquer sur le bouton « Enregistrer le menu ». Désormais, l'ordre est modifié dans la partie publique du site.

Figure 3.35 – Définir l'ordre des éléments

Définir des pages parents/enfants

Il est possible de créer une arborescence entre les éléments d'un menu personnalisé, là encore grâce à un simple glisser/déposer (figure 3.36). Après modification n'oubliez pas de cliquer sur le bouton « Enregistrer le menu ».

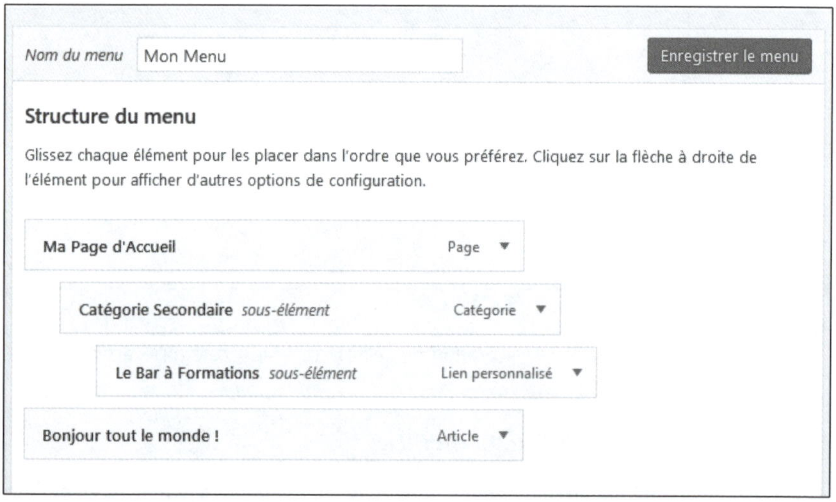

Figure 3.36 – Élaboration de l'arborescence du menu personnalisé

3.6 GESTION DES COMMENTAIRES

Gérer les commentaires

Un commentaire est un court texte laissé à la suite d'un article ou d'une page. Il permet de récolter les réactions des internautes à propos d'une publication.

Remarque – Lorsque de nouveaux commentaires ont été postés, vous en êtes directement informé par une petite info bulle. Cette dernière apparaît dans la barre latérale, dans le signet « Commentaires » (figure 3.37).

Figure 3.37 – Signet « Commentaires » : il indique le nombre de commentaires non lus

Pour y accéder, il suffit de cliquer sur l'onglet « Commentaires » se trouvant dans la barre latérale.

Une liste recensant tous les commentaires s'affiche alors. Elle y recense le nom de l'auteur, son adresse IP, le commentaire qu'il a laissé et le sujet d'origine. En survolant les lignes de cette liste avec la souris, un menu proposant différentes actions (désapprouver, répondre, modifier, reporter comme spam et supprimer) apparaît.

Un webmaster est responsable du contenu d'un site Internet. Il est donc primordial de pouvoir gérer les commentaires que peuvent laisser les internautes. Si les commentaires sont ouverts, c'est à cet endroit qu'il est possible de les modérer.

Dans les filtres vous remarquerez l'existence d'un type de commentaire particulier : les « pings ». Les pings sont des rétroliens.

Selon Wikipédia, « Un rétrolien (en anglais *trackback*) est un système de liens inter-blogs semi-automatisé. Il permet aux auteurs de relier des billets de blogs différents et parlant du même sujet, ou se faisant référence. Concrètement, l'auteur d'un blog A peut établir un rétrolien vers un billet d'un blog B en faisant, dans un de ses propres billets sur son blog A, un lien vers l'URL du billet du blog B. Si le blog B gère les rétroliens, il est automatiquement indiqué dans le billet sur le blog B que le blog A y fait référence ».

À savoir – Si un « tweet » mentionne votre site, vous en serez automatiquement averti.

Paramétrer les commentaires

Vous pouvez gérer les commentaires de deux manières différentes : soit au moment de la création d'un article ou d'une page, soit dans les paramètres généraux de WordPress.

Lors de la création d'un article ou d'une page

Dans la partie inférieure de l'interface de publication, un bloc « Discussion » permet d'autoriser la publication des commentaires et des pings. Cochez ou décochez la case qui vous intéresse (figure 3.38).

Figure 3.38 — Le bloc « Discussion »

Dans les paramètres généraux de WordPress

Cette partie va beaucoup plus loin en termes de paramétrage. WordPress possède en effet une rubrique qui y est entièrement dédiée. Rendez-vous pour cela dans la sous-partie « Discussion » du signet « Réglages » (figure 3.39).

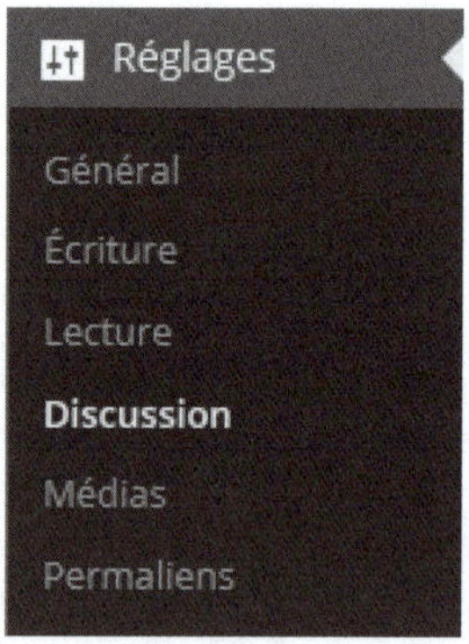

Figure 3.39 — Accès à la rubrique « Discussion »

Ce panneau de configuration est composé de plusieurs sections donnant accès à de nombreuses fonctionnalités :

- **Réglages par défaut des articles.** Vous pouvez régler ici le comportement par défaut des commentaires lors de la publication des articles ou des pages (figure 3.40).

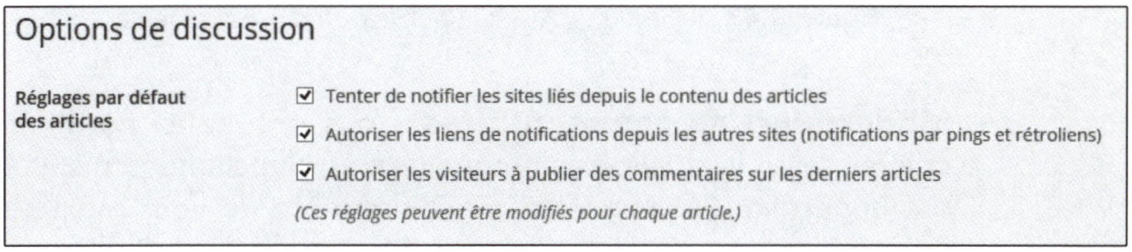

Figure 3.40 – Réglages par défaut des articles

- **Autres réglages des commentaires.** Vous avez la possibilité de définir ici la façon de publier un commentaire et de gérer son affichage (figure 3.41).

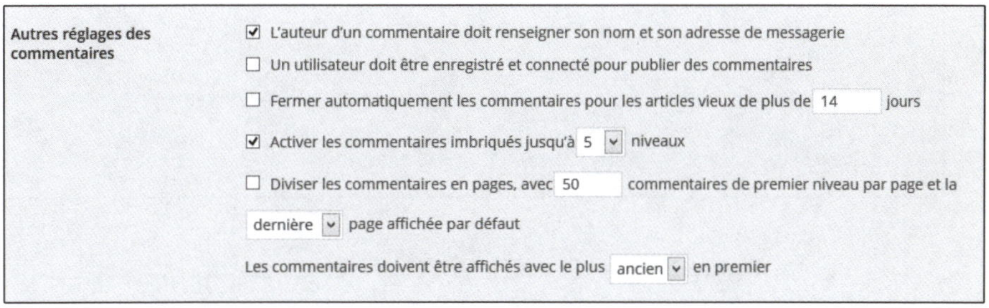

Figure 3.41 – Autres réglages des commentaires

- **M'envoyer un e-mail lorsque.** Choisissez dans cette section comment WordPress avertit un modérateur de la publication d'un commentaire (figure 3.42).

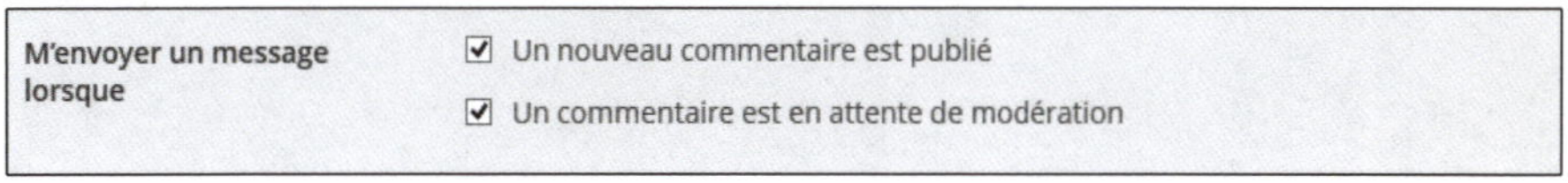

Figure 3.42 – Section « M'envoyer un e-mail lorsque »

- **Avant la publication d'un commentaire.** Cette section est importante : vous pouvez choisir d'y modérer un commentaire *a posteriori* ou, au contraire, avant sa publication (figure 3.43).

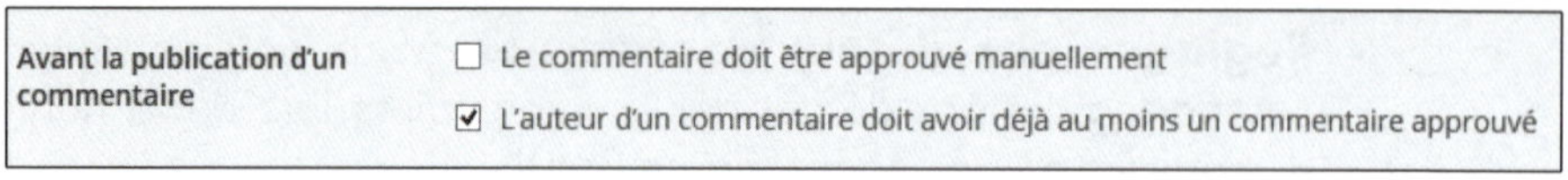

Figure 3.43 – Section « Avant la publication d'un commentaire »

- **Modération de commentaires.** Vous pouvez ici paramétrer les critères selon lesquels un commentaire est directement mis en attente de modération. Ces critères sont le nombre de liens maximal ainsi qu'une file de modération (figure 3.44). Vous devrez d'ailleurs remplir cette dernière avec une adresse IP, un mot, une partie d'un mot...

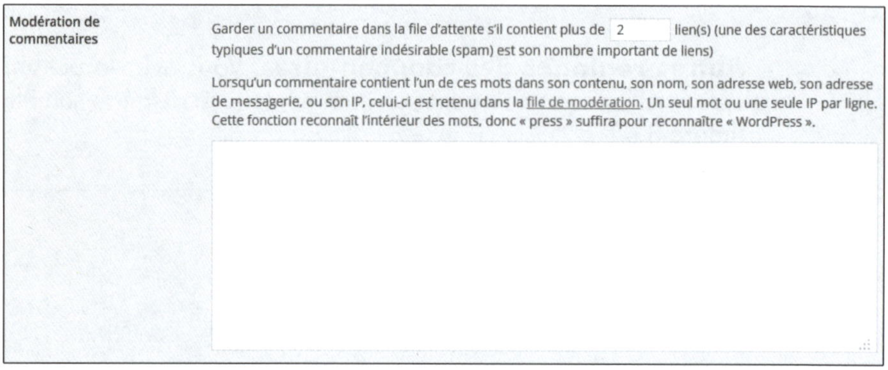

Figure 3.44 – Section « Modération de commentaires »

- **Liste noire des commentaires.** Paramétrez ici les critères selon lesquels un commentaire est définitivement marqué comme indésirable (figure 3.45). Comme précédemment, une liste noire est à remplir avec des URL, des noms, des adresses e-mails...

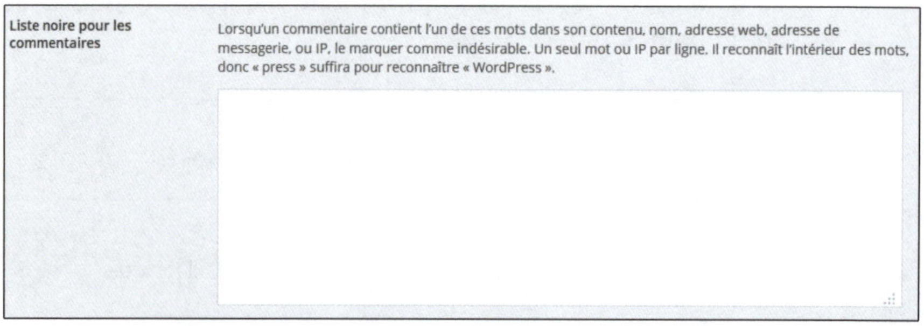

Figure 3.45 – Section « Liste noire des commentaires »

- **Les avatars.** Un « avatar », (mais vous le savez sans doute déjà), c'est une petite image (vignette) qui s'affiche lorsque vous postez un commentaire. Un avatar permet de vous faire une identité propre sur le net. Pour les heureux possesseurs d'un compte Gravatar (www.gravatar.com), la fonctionnalité est directement intégrée dans les options de discussion (figure 3.46). Cela peut sembler évident, car Automattic, la société propriétaire de WordPress, a racheté Gravatar...

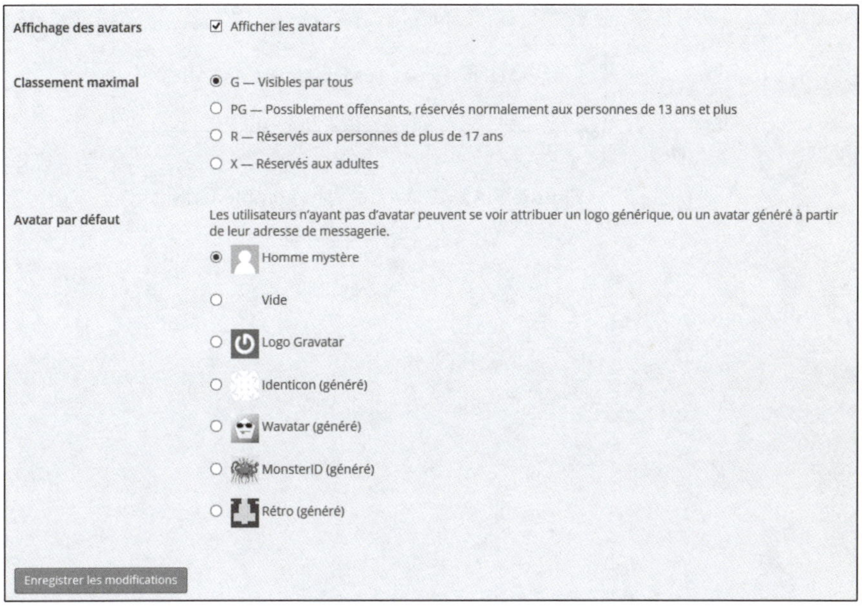

Figure 3.46 — Avatar par défaut

Mais c'est quoi au juste Gravatar ? Gravatar permet de faire le rapprochement entre votre adresse e-mail (que vous renseignez lorsque vous souhaitez poster un commentaire) et votre compte Gravatar (que vous avez créé sur gravatar.com). Il suffit de modifier votre photo ou votre description sur gravatar.com pour que toute votre identité sur le net soit modifiée, ce qui s'avère très pratique.

Concrètement, voilà ce qui différence une personne possédant un compte Gravatar d'une personne n'en possédant pas : la personne n'ayant pas de compte Gravatar se verra attribuer automatiquement une vignette par défaut (figure 3.47).

Figure 3.47 – Avec et sans compte Gravatar

4

Gestion des fonctionnalités

4.1 GESTION DE L'APPARENCE

Installation d'un thème

Un thème (ou template) permet de changer l'aspect graphique et fonctionnel d'un site Internet.

Vous trouverez un template sur www.dunod.com. Vous avez également la possibilité d'en obtenir un sur Internet (gratuit ou payant). Il est toutefois possible de créer son propre template (la troisième partie de ce livre y est consacrée). Quelle que soit la manière dont vous vous l'êtes procuré, il y a deux démarches pour l'activer :

- La première (Manuelle & conseillée) :

Si vous l'obtenez dans un format d'archive (.zip, .rar, etc.), il faut tout d'abord le décompacter ou décompresser.

Le dossier résultant de ce décompactage doit être placé (par FTP ou localement) dans le dossier « wp-content/themes » de WordPress.

Le thème est désormais installé, il ne reste plus qu'à l'activer.

- La seconde (Automatique) :

Rendez-vous dans la sous-rubrique thème (Figure 4.1) et cliquez sur « Envoyer » en haut de l'écran. Téléchargez votre template au format .zip et WordPress s'occupe de tout. Il n'y a plus qu'à l'activer.

> **Remarque** – Si vous voulez supprimer un thème : supprimez-le de ce dossier. Néanmoins, une désactivation de ce thème dans l'espace d'administration sera préalablement nécessaire.

Activation/Désactivation d'un thème

Dans l'espace d'administration de WordPress, vous trouverez un signet « Apparence » et sa sous-section « Thèmes » (figure 4.1). En cliquant sur celle-ci, vous apercevrez le thème actif et les autres thèmes disponibles.

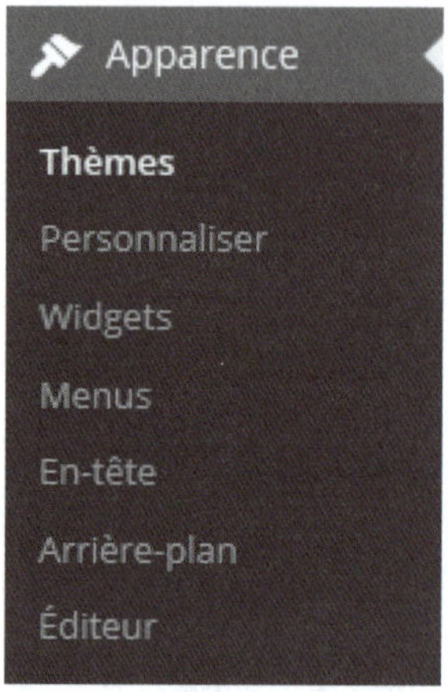

Figure 4.1 – Le signet Apparence

Placer le thème dans le dossier « wp-content\themes » aura alors pour conséquence l'ajout du template dans la liste.

Dans l'interface de gestion des thèmes, il est possible d'avoir un aperçu, de supprimer le thème et bien entendu de l'activer (figure 4.2). En fonction de l'action choisie, une info-bulle apparaît pour vous signaler que l'action s'est bien déroulée (ou non).

Si vous retournez maintenant sur le front office, vous pourrez constater que l'aspect du site a complètement changé, grâce à un simple clic !

> **Remarque** – Un thème change l'apparence extérieure de votre site mais il peut également ajouter de nouvelles fonctionnalités comme la gestion d'un diaporama, d'une galerie photo, des types d'articles supplémentaires, etc. Dès sa désactivation, ces fonctionnalités seront également désactivées.

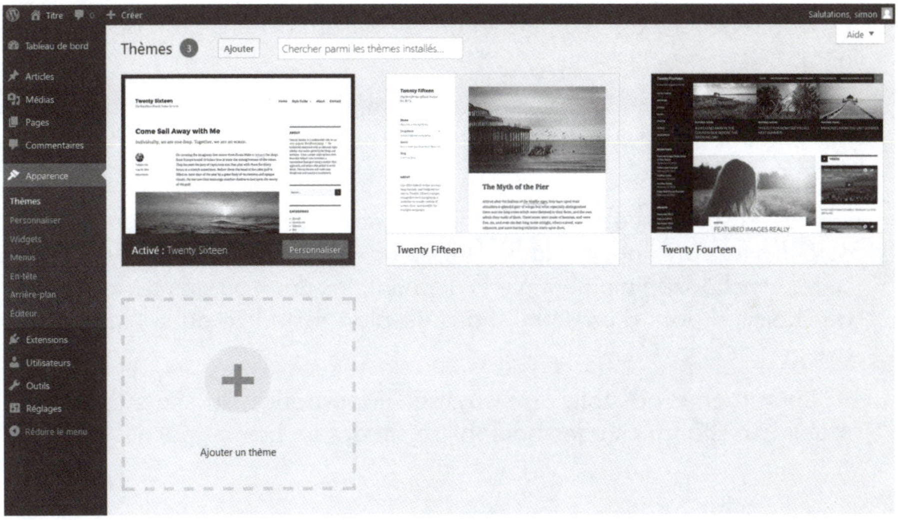

Figure 4.2 – L'interface de gestion des thèmes

Changer l'arrière-plan

Si le thème activé le permet, vous pouvez aisément changer l'arrière-plan : rendez-vous dans son interface de gestion dans la sous rubrique « Arrière Plan » (figure 4.3). Il est alors possible de personnaliser en direct l'arrière-plan de votre thème.

Figure 4.3 – L'interface de gestion de l'arrière-plan

Une fenêtre d'aperçu permet de visualiser l'arrière-plan actuel (vide ou non).

Pour ajouter une image d'arrière-plan, cliquez sur le bouton « Sélectionner une image » pour chercher, comme son nom l'indique, une image sur votre ordinateur.

Il est ensuite important de définir la position de l'image (à gauche, centrée ou à droite) par rapport à la fenêtre du navigateur ; de déterminer si elle doit se répéter horizontalement, verticalement, les deux ou pas du tout ; et enfin de choisir si, lors d'un scroll, l'arrière-plan reste fixe ou si l'image bouge avec.

Il est même possible de visualiser l'apparence du site sur tablette ou mobile en cliquant sur les boutons se situant en bas à gauche.

Changer l'image de l'en-tête du site (header)

Le header est l'entête du site. Si le thème activé le permet, il est possible de changer l'image du header. Rendez-vous dans la sous-section « En-tête » du signet « Apparence ».

Lisez bien les recommandations (bien qu'il soit possible de recadrer les images directement dans WordPress), puis téléchargez votre propre image. Cliquez sur le bouton « Enregistrer & publier » pour mettre votre image en ligne.

Figure 4.4 — L'interface de gestion de l'image du header

4.2 GESTION DES EXTENSIONS (PLUGINS)

De quoi s'agit-il ?

Les extensions, que nous appellerons « plugins », permettent de modifier ou d'ajouter des fonctionnalités à WordPress.

Facilement trouvable sur Internet, la plupart sont disponibles gratuitement et dans le « WordPress Store » : http://wordpress.org/extend/plugins/.

Il est possible de chercher et installer directement des plugins à partir de l'interface d'administration de WordPress.

Remarque – L'un des plugins les plus utilisés dans WordPress est le plugin « Akismet ». Il permet de limiter le spam sur les commentaires.

Installation/Suppression

Avant d'installer un plugin, n'oubliez pas de vérifier qu'il est compatible avec votre version de WordPress.

Pour installer et supprimer des plugins, deux méthodes sont possibles : la méthode automatique et la méthode manuelle.

La méthode manuelle

Comme pour l'installation d'un thème, il faut tout d'abord décompresser l'archive. Le dossier (ou le fichier) résultant de la décompression doit être placé (par FTP ou localement) à cet endroit : « wp-content/plugins ». Une fois l'opération réalisée, il ne reste plus qu'à activer le plugin.

Vous l'aurez compris, pour supprimer un plugin, il faut le supprimer de ce fichier. Une désactivation est conseillée au préalable.

La méthode automatique

Pour vous faciliter la tâche, WordPress pense à tout ! Rendez-vous dans la rubrique « Extensions » puis cliquez sur « Ajouter » (figure 4.5).

Un champ de recherche vous y attend. Tapez un ou plusieurs mots-clés (de préférence en anglais) puis cliquez sur le bouton « Chercher parmi les extensions ».

Si des résultats sont disponibles, vous obtiendrez alors une liste de plusieurs plugins. Tous sont pourvus d'une note, d'une description et d'informations sur leur version (figure 4.6).

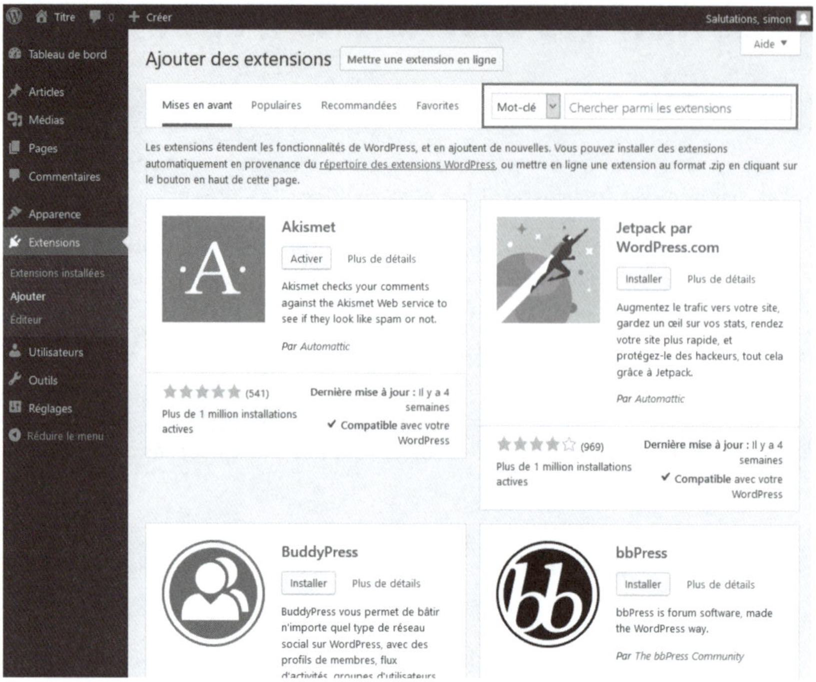

Figure 4.5 – Ajouter un nouveau plugin

Pour installer celui qui vous intéresse, cliquez sur « Installer maintenant ». Une alerte vous demande alors de confirmer cette action.

Après confirmation, WordPress télécharge et place automatiquement le plugin dans le fichier « wp-content/plugins ». Il ne reste plus qu'à l'activer et le tour est joué !

Attention – Cette méthode ne fonctionne pas chez certains hébergeurs.

Activation/Désactivation

Dans l'espace d'administration de WordPress, vous trouverez un signet « Extensions » et sa sous-section « Extensions Installées ». En cliquant sur celle-ci, vous pourrez voir tous les plugins installés et leur statut (activé ou non) (figure 4.7).

Après avoir placé le plugin dans le fichier « wp-content/plugins », il apparaîtra dans la liste avec sa description (souvent en anglais). Il suffit alors de l'activer en cliquant sur le lien « Activer ».

Pour le désactiver : cliquez sur le bouton « Désactiver ».

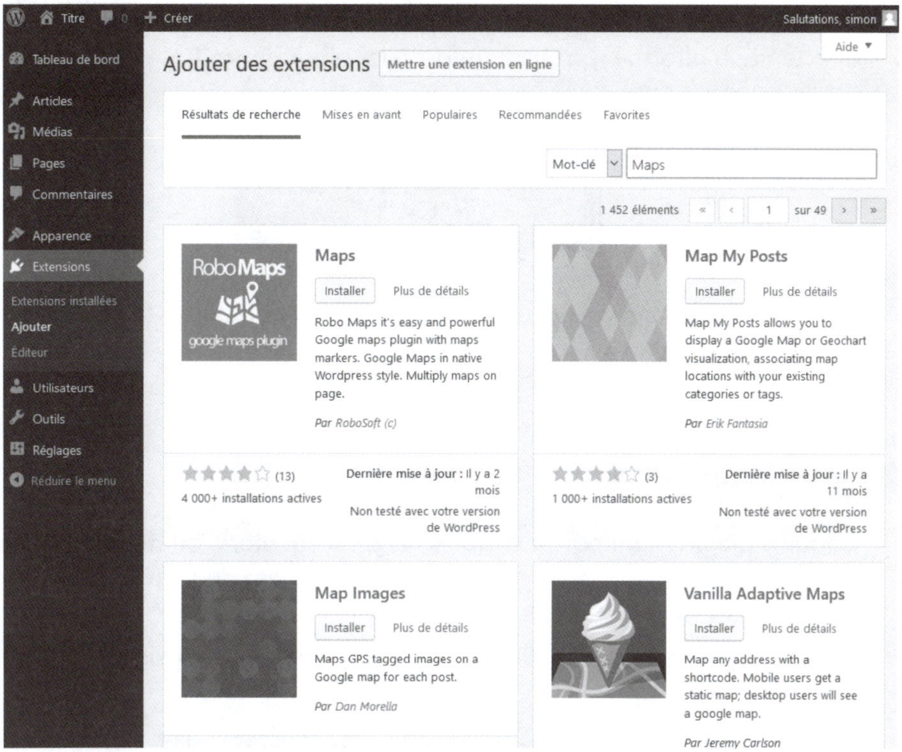

Figure 4.6 – Résultat de la recherche

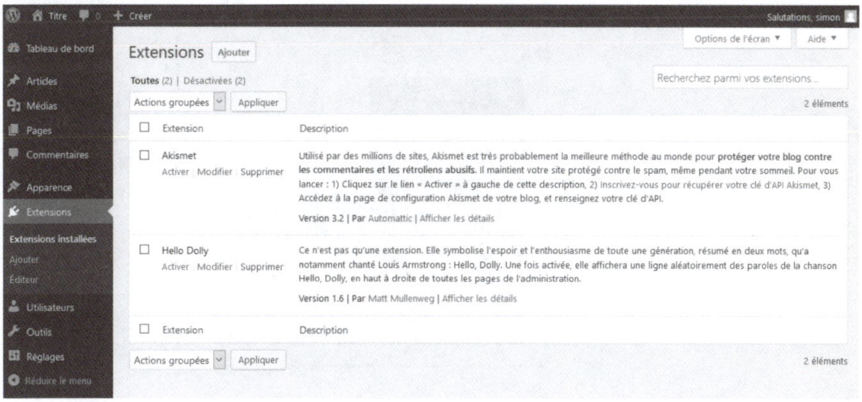

Figure 4.7 – Interface de gestion des plugins

Lorsqu'une nouvelle version du plugin est disponible, vous en serez directement informé par une info-bulle qui apparaîtra dans le signet « Extensions » (figure 4.8).

Figure 4.8 – Info-bulle représentant les mises à jour disponibles

Utilisation d'un plugin

Certains plugins sont paramétrables. Ils ajoutent alors, au moment de leur activation, de nouvelles sous-sections dans le signet « Réglages » de la barre latérale gauche.

Les plugins les plus aboutis ajoutent même de nouveaux signets à la suite de la barre latérale.

Quoi qu'il en soit, dans l'interface de gestion des plugins (signet « Extensions ») un lien « Réglages » apparaît au niveau du plugin concerné dans la liste (figure 4.9).

Figure 4.9 – Le lien Réglages apparaît en fonction du plugin installé, soit directement dans la liste des plugins, soit une rubrique s'est ajoutée dans la sidebar

4.3 GESTION DES WIDGETS

De quoi s'agit-il ?

Un widget est un plugin. Pour obtenir un nouveau widget, il faut donc installer un plugin. Un widget peut être placé très facilement dans votre thème, si ce dernier dispose des emplacements nécessaires.

Par exemple, un widget permet d'insérer n'importe quel texte ou code HTML à l'endroit où vous le placez.

Remarque – Un widget n'est utilisable que dans un thème qui accepte les widgets. Pas d'inquiétude, la plupart des thèmes acceptent les widgets. Dans la troisième partie, nous apprendrons à rendre un thème « Widget-ready ».

Installation/Suppression

Un widget étant un plugin, la manipulation est donc la même que pour celui-ci : après décompression de l'archive, il suffit de la placer dans le dossier « wp-content/plugins ». De même, un widget se supprime comme un plugin.

Activation/Désactivation

Pour activer ou désactiver un widget, il suffit de se rendre dans l'interface de gestion des Plugins en cliquant sur le signet « Extensions » puis d'activer le plugin. Pour le désactiver, cliquez sur « Désactiver ».

Utilisation des widgets

L'utilisation des widgets est cette fois-ci différente de celle des plugins.

Rendez-vous dans la sous-rubrique « Widgets » du signet « Apparence ». Dans l'interface de gestion des widgets, vous pouvez repérer deux grandes sections (figure 4.10) :

- la partie de gauche recense tous les widgets disponibles ;
- la partie de droite recense toutes les zones de votre thème actif qui acceptent les widgets. En fonction de votre thème, le nombre de zone va donc évoluer.

Pour faire apparaître un widget sur la partie publique, il suffit d'un simple glisser/déposer. Choisissez votre widget dans la partie de gauche et déplacez-le à l'endroit souhaité dans la partie de droite.

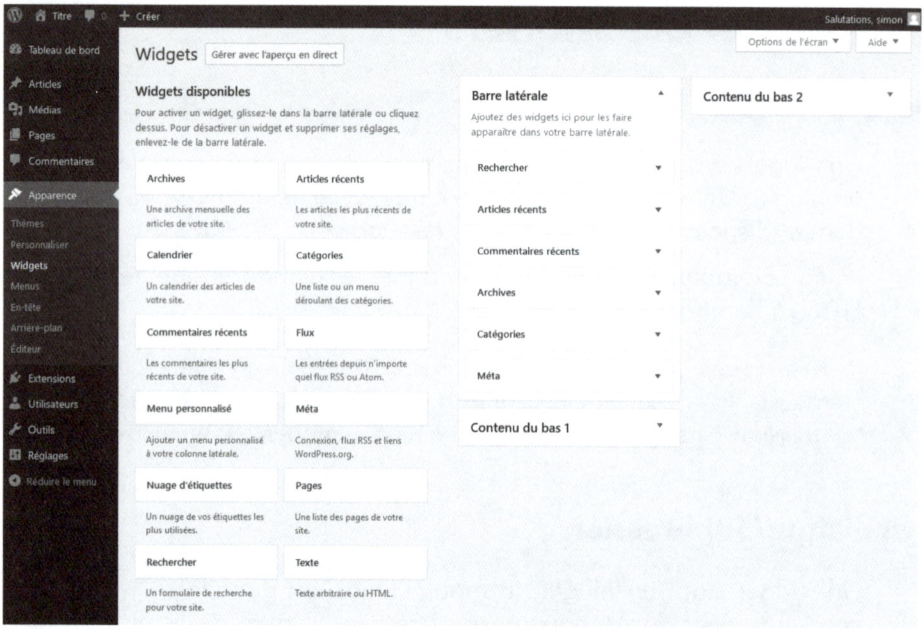

Figure 4.10 – Interface de gestion des widgets

Lorsque le widget est placé dans la barre de droite, il est désormais possible de l'utiliser et de le paramétrer.

Remarque – Un même widget peut être utilisé à plusieurs endroits dans le site (si le thème le permet) avec des paramètres différents.
Exemple : on peut placer le widget « texte » dans la « sidebar » et dans le « footer » avec un texte différent pour chaque partie.

Pour faire disparaître un widget de la partie publique, deux possibilités s'offrent à vous :

- le supprimer définitivement en cliquant sur « Supprimer » dans la zone où il est actif ;
- le rendre inactif tout en gardant ses paramètres. Il suffit pour cela de le glisser vers la partie inférieure appelée « Widgets désactivés » (figure 4.11). Vous pourrez le réactiver à tout moment en le faisant glisser à nouveau dans la zone de votre choix.

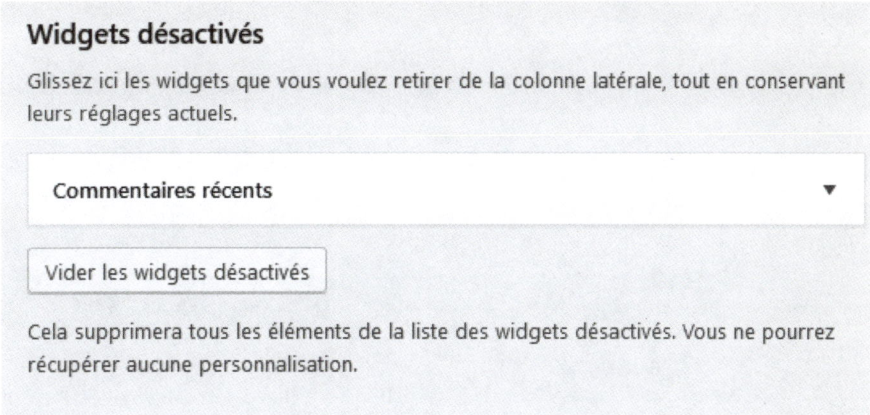

Figure 4.11 – Zone des widgets désactivés

5

Paramétrage de WordPress

5.1 LES RÉGLAGES

Réglages généraux

Vous pouvez paramétrer ici les options générales de votre site (figure 5.1) : son titre, sa description, son adresse web, l'adresse e-mail du webmaster (importante en cas de notification), le fuseau horaire, le format de la date et de l'heure et définir à quel jour la semaine commence.

Si votre site a pour vocation d'être un site communautaire, activez l'option « Tout le monde peut s'enregistrer » puis définissez le statut de chaque nouvel utilisateur.

> **Attention** – Modifier les lignes des adresses URL, tout en haut de l'interface de gestion (figure 5.2) aurait pour conséquence de rendre votre site totalement inaccessible : la base de données ayant enregistré cette nouvelle URL, WordPress a donc rebâti tous ses liens. Il est déconseillé de toucher à ces lignes.

Comment choisir sa langue ?

Par défaut, WordPress est en anglais. Il est néanmoins possible de télécharger une version française de WordPress (https://fr.wordpress.org/).

Figure 5.1 — Interface de gestion des réglages généraux

Mais nous allons voir qu'il est relativement simple d'installer et de choisir une langue, grâce à la procédure suivante :

- Tout en bas des réglages généraux, il y a une liste déroulante avec plusieurs langues.
- Choisir la langue désirée.
- WordPress télécharge et installe automatiquement le fichier traducteur.
- C'est terminé !

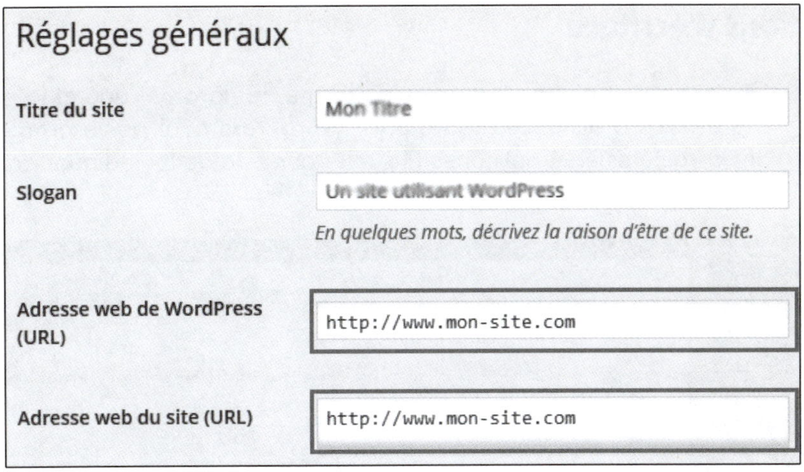

Figure 5.2 — L'URL de votre site

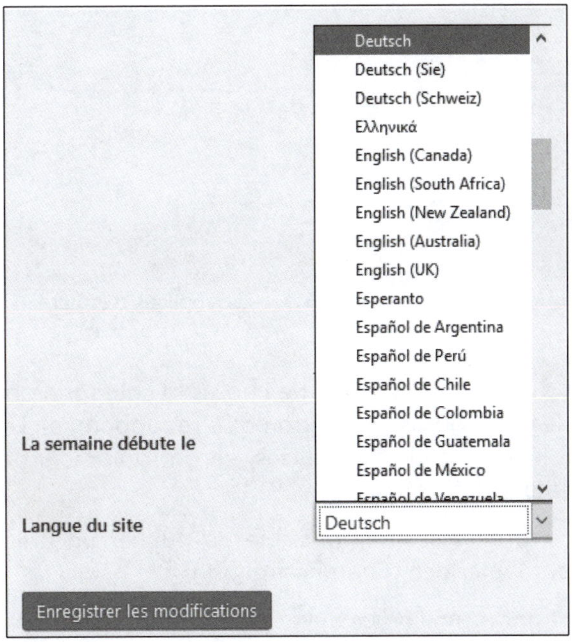

Figure 5.3 — Liste déroulante pour le choix des langues

Options d'écriture

Ces options concernent la mise en forme, le paramétrage et la publication des articles à distance (figure 5.4). WordPress peut par exemple convertir des caractères en émoticônes (il suffit pour cela de lui indiquer de le faire...).

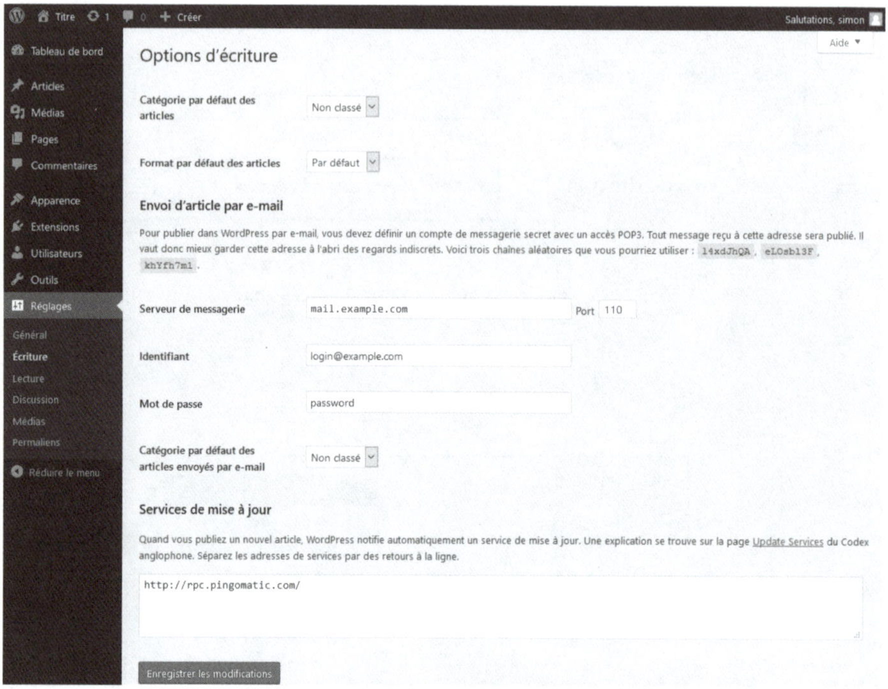

Figure 5.4 – Les options d'écriture

Vous avez ici la possibilité de choisir la catégorie par défaut des articles (cette catégorie choisie ne pourra pas être supprimée). Lors de la suppression d'une catégorie, tous ses articles, seront automatiquement intégrés à la catégorie par défaut.

Avec WordPress, il est possible de publier un article à distance, sans passer par l'interface d'administration :

- soit par e-mail (vous devez alors définir un compte e-mail secret avec une adresse POP3 : tout e-mail reçu à cette adresse sera publié) ;
- soit par l'intermédiaire d'un protocole de publication Atom ou l'une des interfaces de publication XML-RPC.

Options de lecture

Ces options permettent de définir les réglages de la page d'accueil, de la page qui affiche les articles, de la pagination (nombre d'articles à afficher sur une page), de l'affichage (extrait ou texte complet) des articles et de leur encodage, ainsi que du paramétrage des flux RSS (figure 5.5).

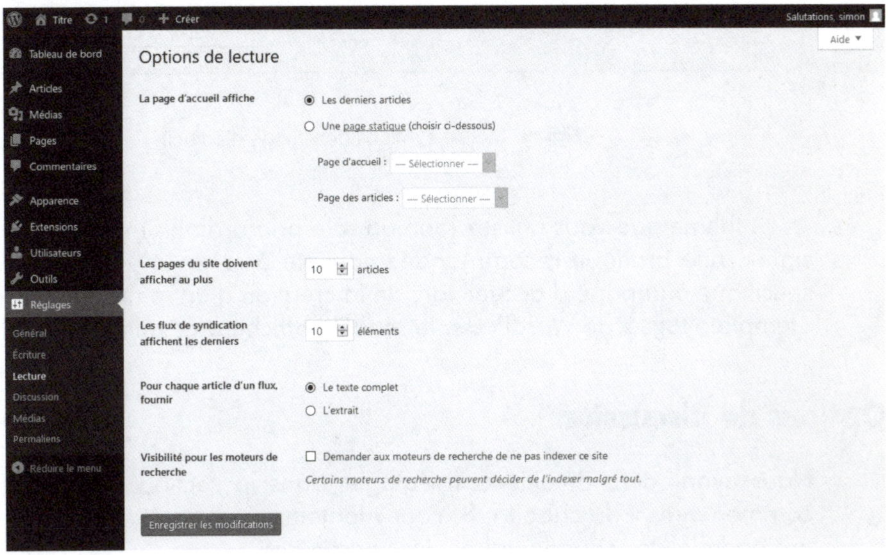

Figure 5.5 — Les options de lecture

Exemple : créer une page « Blog » qui va afficher tous les articles

WordPress permet de choisir dans quelle(s) page(s) les articles vont s'afficher. Par défaut, c'est sur la homepage de votre site, mais vous pouvez également créer une page « Blog » dans l'espace d'administration. Il suffit ensuite de choisir cette page pour publier tous les articles de votre site.

Exemple : choisir une page d'accueil différente du reste du site

Par défaut, la page d'accueil de WordPress affiche les derniers articles publiés, mais il est tout à fait possible de lui affecter une page que vous aurez créée auparavant.

Pour ce faire, il suffit de créer une page « Accueil » dans l'espace d'administration et de lui affecter un modèle de page (nous en parlons dans la troisième partie, mais sachez dès à présent que sa disposition sera différente des pages internes). Définissez ensuite cette page comme page d'accueil et le tour est joué (figure 5.6) !

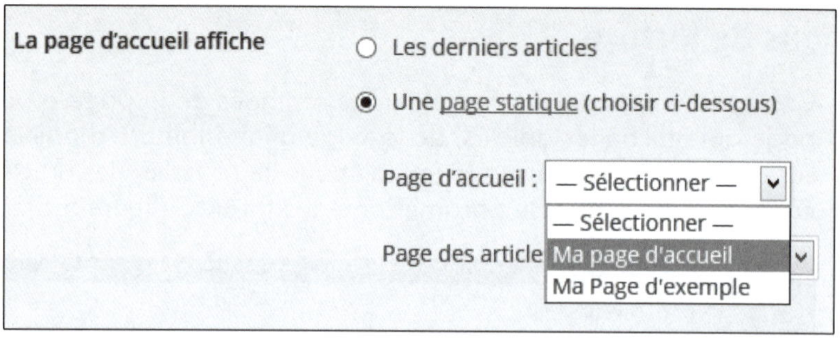

Figure 5.6 – Options de la page d'accueil

Le thème que vous utilisez joue un rôle primordial. Si vous êtes webdesigner, une pratique recommandée consiste à créer un modèle de page spécifique à la page d'accueil lors de la création d'un template. Grâce aux « template tags » de WordPress, le modèle affichera ce que vous voulez.

Options de discussion

Nous avons déjà détaillé ces réglages dans la section « Paramétrer les commentaires » du chapitre 3. Pour mémoire, ils permettent de gérer « en profondeur » les commentaires des internautes.

Réglages des médias

Ces réglages permettent de préciser la taille (en pixels) des images du site. Vous pouvez y régler la taille des miniatures, leur taille moyenne et maximum (figure 5.7). À chaque fois que vous allez « uploader » une image, WordPress créera trois instances de celle-ci dans le fichier « wp-content/uploads ».

Remarque – Ces réglages ne sont pas rétroactifs. Pensez à eux avant d'intégrer tout le contenu de votre site.

Ces paramètres prédéfinis seront automatiquement accessibles lors de l'insertion d'une image dans un article ou une page.

Vous pouvez également limiter la taille des affichages distants (vidéos de Youtube ou de Dailymotion, par exemple). Si la largeur est laissée vide, les affichages utiliseront par défaut la largeur maximale de votre thème.

Enfin, il est possible de définir l'emplacement où tous les médias seront téléchargés (téléchargés). Par défaut, ils seront dans le fichier : « wp-content/uploads » et triés par année / date.

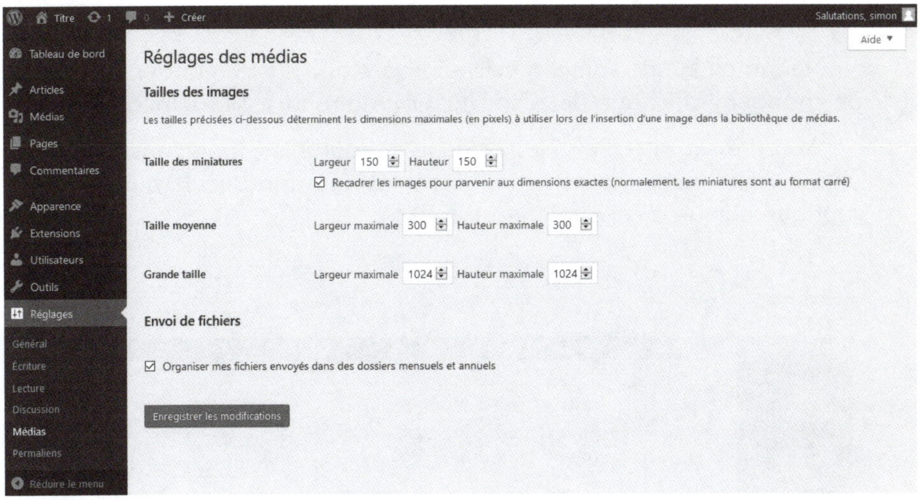

Figure 5.7 – Réglage des médias

Moteur de recherche

En bas de l'écran des options de lecture, vous pouvez paramétrer ici la visibilité de votre site dans les moteurs de recherche (figure 5.8). C'est la première étape pour un bon référencement.

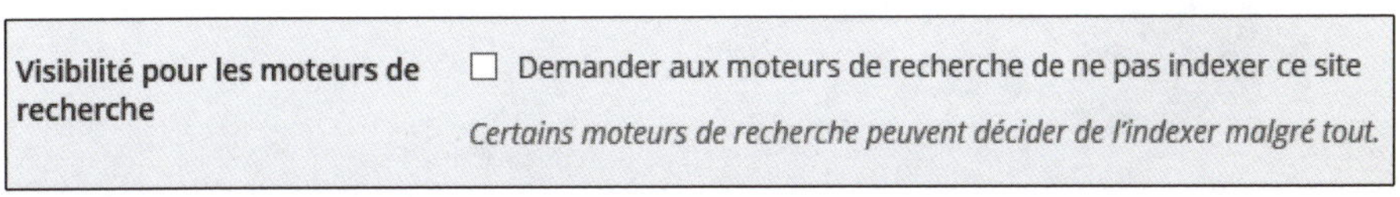

Figure 5.8 – Panneau de gestion des options de vie privée

Options des permaliens

Les permaliens sont les URL affichées qui serviront de référence à un article. WordPress offre la possibilité de créer une structure d'adresses personnalisées pour les permaliens et les archives. Cette fonctionnalité permet d'améliorer l'esthétique, l'utilisation et la pérennité des liens.

Exemple : soit un article ayant pour titre « Bonjour » catégorisé dans « news ». Par défaut, WordPress va afficher cet article avec cette URL : http://www.mon-site.com/?p=8

où la variable « p » correspond à l'identifiant de l'article ou de la page.

Or cette URL n'est pas très explicite, ce qui peut nuire au référencement.

Néanmoins, une solution existe : il va s'agir de demander à WordPress de changer l'affichage de cette URL pour la rendre plus explicite.

WordPress propose plusieurs structures courantes, mais vous pouvez créer une structure personnalisée en ajoutant les deux marqueurs suivants dans la rubrique prévue à cet effet (figure 5.9) :

```
/%category%/%postname%/
```

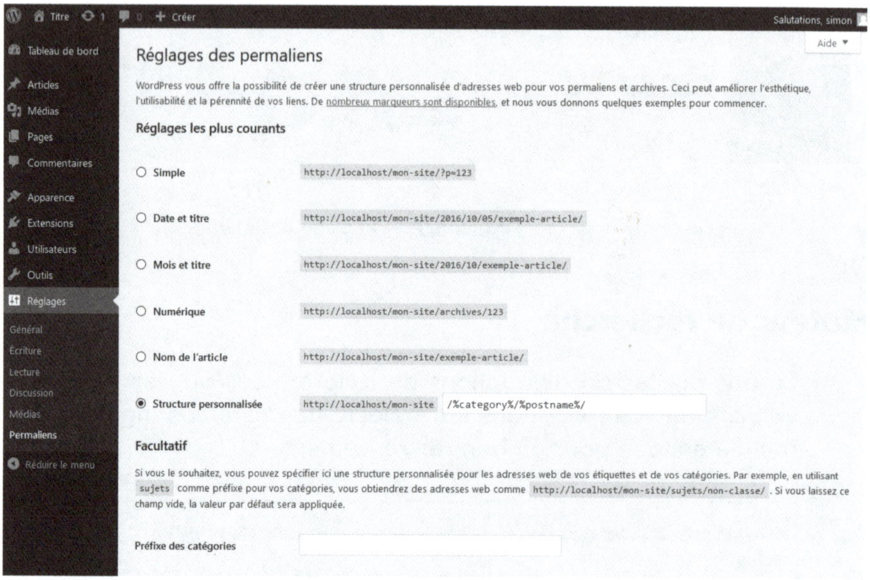

Figure 5.9 – Permalien personnalisé

WordPress va donc d'abord afficher la catégorie de l'article puis son titre. L'URL se présentera alors désormais sous cette forme : http://www.mon-site.com/news/bonjour/

Parfois, lorsqu'on opère un changement sur la structure des permaliens (ou lors d'une mise à jour), des problèmes d'affichage font leur apparition (erreur 404 sur les liens). Pour les résoudre, il est conseillé d'appliquer à nouveau la structure par défaut, puis de revenir à la structure personnalisée. Cette petite manipulation vous évitera de vous arracher les cheveux.

Pour plus d'informations sur les marqueurs, rendez-vous à l'adresse suivante : http://codex.wordpress.org/Using_Permalinks

Comment mettre en place les permaliens ?

Pour un serveur local voir le chapitre 2 « Activer la réécriture d'URL en local avec WAMP ».

En général, dans le cas d'un hébergement en ligne, vous n'avez rien à paramétrer. Mais au besoin, voici la marche à suivre.

Votre serveur devra être correctement configuré. Dans le cas contraire, une page « Not found » ou « erreur 404 » apparaîtra.

1. Premièrement, le serveur doit permettre à WordPress « d'écrire » (de créer) un fichier « .htaccess » à la racine de WordPress. Vérifiez donc les droits d'écriture grâce à votre logiciel FTP.

À titre informatif, voici ce que WordPress va écrire dans le fichier « .htaccess » :

```
# BEGIN WordPress
<IfModule mod_rewrite.c>
RewriteEngine On
RewriteBase /
RewriteRule ^index\.php$ - [L]
RewriteCond %{REQUEST_FILENAME} !-f
RewriteCond %{REQUEST_FILENAME} !-d
RewriteRule . /index.php [L]
</IfModule>

# END WordPress
```

2. Deuxièmement, il faut activer le mode « URL rewriting » du serveur :
   - Il faut modifier le fichier "httpd.conf" : pour cela, ouvrez-le avec un éditeur de texte (Notepad++ par exemple), puis cherchez la ligne contenant « rewrite » :

```
#LoadModule rewrite_module modules/mod_rewrite.so
```

   - Il suffit de décommenter cette ligne en enlevant le caractère « # ». Ce qui donne alors :

```
LoadModule rewrite_module modules/mod_rewrite.so
```

5.2 LES OUTILS

Leur fonction

Les outils sont une aide pour les webmasters d'un site WordPress (figure 5.10). Par défaut seulement 2 sont installés : Press This et Convertisseur de catégories et étiquettes.

Figure 5.10 – Le signet Outils

Principaux usages

Exporter le contenu de votre site

En cliquant sur « Exporter », vous pouvez exporter uniquement vos articles, pages, commentaires, champs personnalisés, catégories et mots-clés.

Une fois que le fichier XML téléchargé a été enregistré, vous pouvez utiliser la fonction « Importer » d'un autre blog WordPress pour pouvoir importer ce fichier dans cet autre site.

Importer le contenu de votre site

En cliquant sur « Importer », WordPress peut récupérer certains contenus que vous avez postés au préalable sur d'autres plates-formes.

Mais l'importation la plus utile est bien entendu l'importation d'un autre site WordPress (pratique lors d'un déménagement de votre site). Il suffit alors de télécharger le fichier XML généré (comme lors de l'export précédent) et WordPress s'occupe du reste. Vous êtes désormais en possession de tout le contenu de votre ancien site.

Mais attention, ce fichier XML ne contient ni vos plugins, ni vos médias, ni même votre menu... Toutefois, s'agissant des images, WordPress essayera de les récupérer si elles sont encore en ligne sur votre ancien site.

Mettre à jour WordPress

WordPress peut s'occuper lui-même de la mise à jour de votre site WordPress, ce qui est très pratique. En fonction de votre hébergeur, cette solution fonctionnera très bien ou pas du tout...

Attention, mettre à jour WordPress requiert quelques précautions d'usage. Avant de procéder à une mise à jour automatique, veillez toujours à effectuer une sauvegarde de votre site (tous les fichiers) et une sauvegarde de votre base de données. Personne n'est à l'abri d'une mise à jour qui échoue.

Avant de vous lancer dans cette étape, rendez-vous dans la section « Mettre à jour WordPress » du chapitre 11.

5.3 PRÉPARER WORDPRESS : QUELQUES RECOMMANDATIONS

Vous maîtrisez maintenant l'installation de WordPress ainsi que son administration. Mais avant de vous lancer à corps perdu dans le développement de votre site, quelques recommandations s'imposent :

- **Activer le plugin Akismet**
  Akismet permet d'éviter le spam qui risque de contaminer très rapidement vos commentaires. C'est un plugin déjà installé par défaut, et il ne reste plus qu'à l'activer. Lors de l'activation, un message apparaît vous demandant une clef API. Suivez alors le lien proposé pour l'obtenir. De retour dans l'espace d'administration des plugins, insérez-la à l'endroit adéquat.
- **Paramétrer vos permaliens**
  N'oubliez pas de paramétrer vos permaliens. Ils vous seront utiles pour la clarté de votre site (ils sont mémorisables) et pour son référencement (les moteurs de recherches aiment cela !).
- **Remplir votre profil**
  Il est quand même plus agréable et plus « pro » d'avoir son profil rempli. Si vous ne donnez pas l'exemple, les éventuels autres utilisateurs risquent également d'oublier de le faire. Tous ces renseignements peuvent être affichés à la fin d'un article (cela dépend du thème). Pour ce faire, rendez-vous dans la section « utilisateur ».
  Bien entendu, si votre site ne comporte pas de commentaires (site vitrine d'une entreprise par exemple) ces informations ne sont pas très importantes.
- **Nettoyer WordPress**
  Lors de son installation, WordPress insère du contenu fictif : articles, commentaires, liens... Effacez-le. Créez vos propres catégories avant

de commencer la rédaction du contenu (ou avant même de créer votre propre thème).

- **S'assurer que l'upload de médias fonctionne et est bien paramétré.**
  Vous pouvez uploader une image dans la bibliothèque de médias pour vous assurer que tout fonctionne bien. Si ce n'est pas le cas, WordPress vous avertira. La plupart du temps, c'est un problème de droit de fichier. Il est possible de le résoudre grâce à votre logiciel FTP.
- **Créer un deuxième compte administrateur**
  N'oubliez pas de créer un deuxième compte administrateur (avec des identifiants extrêmement difficiles à trouver). En effet, si votre premier compte administrateur est piraté, vous pourrez peut-être grâce à lui accéder à l'espace d'administration, pour sauver votre site de l'attaque.

Vous pouvez compléter vos connaissances en vous rendant à l'adresse suivante : http://codex.wordpress.org/WordPress_Lessons.

TROISIÈME PARTIE

WordPress côté webdesign

6

Comment fonctionne un thème ?

6.1 LES THÈMES : LEUR ANATOMIE

Prérequis : qu'est-ce qu'un site Internet ?

Cette partie est destinée aux personnes comme les webdesigners qui souhaitent transformer un thème WordPress graphiquement et fonctionnellement. Il est donc important de connaître les trois principaux langages que WordPress utilise, à savoir : HTML, CSS et PHP.

Un site Internet : qu'est-ce que c'est ?

Une page dans votre navigateur résulte de plusieurs choses. En général, voici les différents acteurs dans le cas d'un site statique (sans CMS ou gestionnaire de contenu) :

- Du contenu (texte, images, vidéos, etc.)
- Le code HTML : permet de classer sémantiquement le contenu grâce à l'aide de balises (navigation, titre, paragraphe, image, etc.)
- Le code CSS : permet de styler ces balises et donner ainsi une apparence plus ou moins attrayante. C'est également le CSS qui permet d'adapter graphiquement un site aux appareils mobiles (smartphone, tablette, etc.)
- Le javascript : permet de sublimer votre site grâce aux animations et aux événements (diaporama, menu déroulant, ajax, etc.).

On sépare toujours le contenu (HTML) de sa forme (CSS) : utiliser une balise HTML pour rendre plus gras ou italique un élément est une pratique dépassée.

Pour éviter le bricolage, il faut être capable de comprendre et de coder du code HTML et CSS, grâce à un éditeur de texte (comme Notepad++, Sublime Text 2 ou la partie code de Dreamweaver).

Si ce n'est pas le cas : pas de panique. Vous allez pouvoir apprendre ces langages grâce à de nombreux tutoriels disponibles sur Internet. À la fin de ce livre, en Annexes, vous trouverez une bibliographie ainsi que des ressources pour WordPress et le web.

Un template WordPress, qu'est-ce que c'est ?

Sans surprise, c'est exactement la même chose qu'un site classique comme décrit précédemment. Il faut donc également maîtriser HTML / CSS et un minimum le PHP pour pouvoir créer un thème WordPress.

Pourquoi du PHP ?

Dans un premier temps, c'est ce qui permet de rendre un site dit « statique » dynamique. Il n'est plus nécessaire de modifier le code source HTML / CSS pour mettre à jour le contenu du site. Le PHP fait la passerelle entre la page HTML et la base de données qui contient tous les contenus (textes, image, lien vidéo, etc.). Une interface simple permet à n'importe quel utilisateur de remplir cette base de données. Voilà le but d'un CMS comme WordPress ! Les thèmes sont là uniquement pour mettre en forme le contenu de cette base de données.

Dans un second temps, plus général, le langage PHP permet de simplifier la façon d'organiser ses fichiers et de créer des algorithmes. Par exemple, inclure le contenu d'un fichier bidule.php dans dix autres fichiers.php. De cette façon, il suffira de modifier qu'une seule fois bidule.php.

En résumé :

- Le PHP permet de rendre le contenu dynamique d'un site en cherchant les informations dans une base de données mais il permet également d'utiliser des fonctions qui facilitent le travail.
- La base de données Mysql est l'endroit où sont stockées les informations (contenus, utilisateurs, liens des images, etc.) d'un site dynamique.

PHP de base

Contrairement aux langages HTML et CSS, une connaissance avancée en PHP n'est pas demandée avec WordPress. En revanche, une base d'algorithmique vous facilitera la chose.

En résumé :

- Un fichier PHP peut contenir de l'HTML. Il est donc possible qu'un fichier php ne contienne que de l'HTML !
- Le langage PHP est exécuté uniquement du côté du serveur. Du côté du client (le visiteur), nous obtenons uniquement le résultat. Il est donc impossible de voir les codes PHP en regardant le code source d'une page Web.
- Pour déclarer un code PHP, il faut ouvrir une balise php (<?php) et fermer par une autre balise php (?>)
- Connaître les structures conditionnelles « if » et « else »
- Connaître le fonctionnement des boucles « while »
- Savoir créer des variables du type : « $variable = ... » ; Savoir utiliser des fonctions PHP avec passage d'arguments ou de paramètres.

Si ces éléments ne vous effraient pas, vous comprendrez facilement les thèmes dans WordPress.

Comment fonctionne un thème ?

Un thème (ou template) permet de changer l'aspect graphique et fonctionnel d'un site Internet. Le contenu est donc totalement à part : il est dans la base de données de WordPress.

Un thème va permettre de changer l'apparence (contenu et fonctionnalités) de ce site grâce à plusieurs fichiers PHP.

Ces fichiers PHP, qui peuvent s'imbriquer les uns dans les autres, sont composés de langage HTML et de fonctions PHP. Le tout est mis en forme grâce à une (ou plusieurs) feuilles de style CSS pour le côté graphique et animé avec du JavaScript (voir du Flash).

Il est alors possible de créer des sites très graphiques avec WordPress comme CMS ! Il nous laisse une liberté totale sur la façon de coder notre site. Il nous suffira de mettre du code PHP WordPress au bon endroit pour rendre le contenu statique, vivant. On respecte intrinsèquement la loi de la séparation entre le contenu et la forme décrite plus haut.

Tous ces fichiers sont placés dans un même et unique répertoire (figure 6.1).

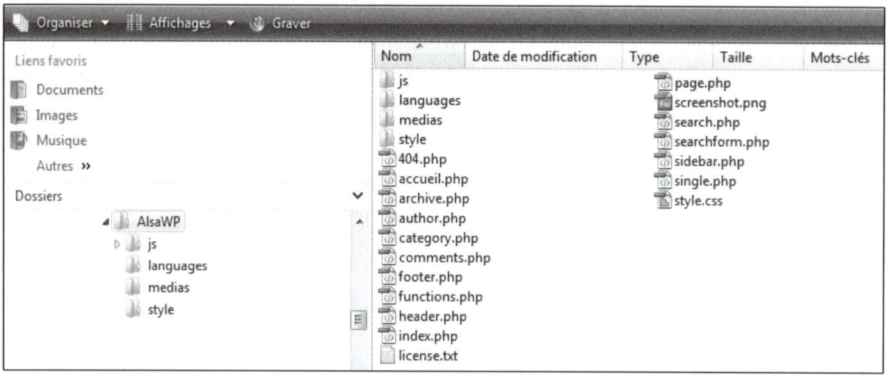

Figure 6.1 – Exemple de fichiers d'un Template WordPress

Les fichiers d'un template : qui fait quoi ?

Chaque template est différent. Chacun possède son propre graphisme, ses propres fonctionnalités, ses propres fichiers, etc. Autrement dit, chacun possède sa propre identité et chaque auteur de thème choisit sa façon de faire. Mais tous ces thèmes fonctionnent avec le même principe : la hiérarchie de fichier. Nous le verrons dans la partie suivante.

Faisons d'abord connaissances avec les fichiers PHP les plus couramment utilisé dans un thème. **Ces fichiers PHP sont automatiquement reconnus par WordPress grâce à leur nom** : ces derniers sont donc réservés.

Il y a quatre types de fichiers dans un thème : les indispensables, les standards, le fichier functions.php et les vôtres. En voici la liste :

- **Les indispensables :** ce sont ceux qui font partie du noyau. Sans eux, on ne peut pas créer de thèmes :
  - **index.php :** C'est, par défaut, le fichier qui sera appelé en dernier par WordPress (vous comprendrez avec la hiérarchie de fichier).
  - **style.css :** C'est le fichier qui va contenir la description de votre thème. Même si vous ne l'utilisez pas pour votre code CSS (ce qui est une bonne chose), il doit être présent.
  - **screenshot.png :** C'est l'image d'aperçu de votre thème dans la partie d'administration.
- **Les standards :** Ils ne sont pas obligatoires, mais on s'en passe rarement :
  - **single.php :** Ce fichier est appelé par WordPress lorsque l'utilisateur veut afficher un article.

   - **page.php :** Ce fichier est appelé lorsqu'une page est affichée.
   - **category.php :** Ce fichier liste une série d'articles, par exemple, la catégorie « News »).
   - **comments.php. :** Comprend la partie commentaires de votre site.
   - **search.php. :** Le template d'affichage des résultats de recherche. Cette page s'affiche automatiquement après avoir fait une recherche dans un formulaire de recherche.
   - **404.php. :** La page d'erreur. Elle est appelée automatiquement si WordPress ne trouve rien.
- **Le fichier functions.php :** il permet d'ajouter des fonctionnalités supplémentaires à votre template. Dès l'activation du template, il se met en route. Par exemple, l'ajout d'une zone de menu, d'une zone de widget, de meta boxes, d'une interface d'administration dédiée au template, l'installation et l'activation automatique d'un plugin... C'est un fichier important si vous voulez aller plus loin dans la personnalisation de vos templates.
- **Les vôtres :** ce sont vos propres fichiers PHP et dossiers que vous avez créés. En règle générale, ce sont les fichiers de votre intégration HTML / CSS / JS Statique avec les fichiers PHP que vous avez créés vous-même. Quelques exemples :
   - **header.php :** Il contient l'en-tête (doctype, titre, balises méta.) de votre site. Ce fichier est inclus au début de chaque fichier.
   - **footer.php :** Fichier qui est inclus à la fin de chaque fichier.
   - **Le dossier des images :** Un thème est, dans la majorité des cas, composé d'images : arrière-plan, logo, puce, bouton... Il est donc d'usage de les mettre dans un même fichier.
   - **Le dossier CSS :** Contient votre ou vos feuilles de styles.
   - **Le dossier JS :** Qui contient votre ou vos scripts Javascript.
   - **Un dossier Font :** Qui contient vos polices exotiques (éventuellement).

Voyons maintenant comment ils peuvent communiquer entre eux !

Comment ces fichiers travaillent-ils entre eux ?

Les fichiers d'un template « communiquent » entre eux. Les liens classiques entre les fichiers HTML, JavaScript et CSS sont déjà un premier lien de communication. Mais PHP nous offre bien d'autres possibilités très sympathiques !

Une des plus puissantes et des plus simples, c'est l'inclusion (fusion) de plusieurs fichiers. Ce qu'on appelle un « Include ».

404.php	Page d'erreur quand une url n'aboutie pas
comments.php	Gabarit des commentaires
footer.php	Fichier à inclure à la fin de chaque fichier (fermeture du body, etc..)
functions.php	Fichier qui permet d'ajouter des fonctionnalités à un thème (menu, widget etc...)
header.php	Fichier à inclure dans chaque début de fichier (doctype, title, liens css...)
image.php	Gabarit chargé lorsque l'on choisit «Page du fichier attaché» pour agrandir une image
index.php	C'est le fichier qui est appelé en dernier. En règle générale c'est la page d'accueil de votre thème
page.php	Gabarit d'une page WordPress
screenshot.png	Image ilustrative de votre thème dans la zone d'administration
search.php	Gabarit des résultats du moteur de recherche de WordPress
sidebar.php	Gabarit pour une barre latérale
single.php	Gabarit d'un article WordPress
style.css	Fichier nécessaire pour la description de votre thème. Nul obligation d'y insérer votre code css

Figure 6.2 – Liste des principaux fichiers / gabarits d'un thème

Une fusion de plusieurs fichiers PHP permet le résultat d'un seul et même fichier. Cette fusion est possible grâce à l'utilisation d'une fonction.

Prenons un exemple précis : celui d'un index.php

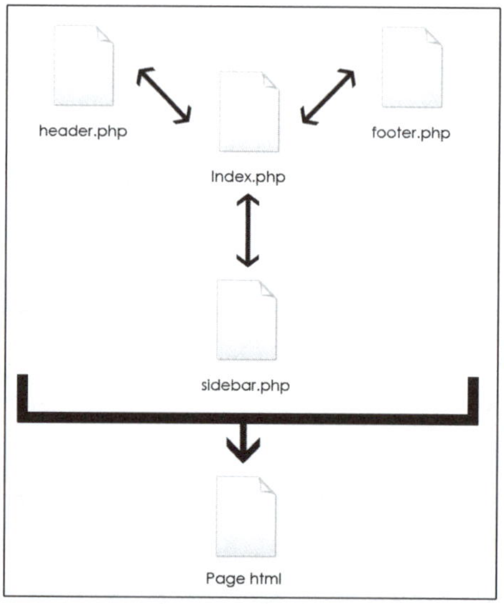

Figure 6.3 – Inclusion de plusieurs fichiers

L'index.php va faire appel à trois fichiers : « header.php » pour l'en-tête, « sidebar.php » pour la barre latérale et « footer.php » pour le pied de page (figure 6.3). Le mix de ces pages aura comme résultat final « index.php » qui affiche une page HTML dans le navigateur.

Ces appels sont possibles grâce à des fonctions WordPress qui sont réservées à l'inclusion du contenu des différents fichiers :

```
<?php get_template_part( 'nom-du-fichier'); ?>  // nom-du-fichier.php
```

Voici en détail les codes sources de chacun des fichiers PHP :

Code source de « header.php »

```
<!DOCTYPE html>
<head>     <title>Titre</title>     <meta http-equiv="Content-Type"
content="text/html; charset=UTF-8" />
     <link rel="stylesheet" type="text/css" href="style.css" media="screen"
/>
</head><body>
```

Code source de « footer.php »

```
       <div id="footer">
               <!-- contenu du pied de page -->
       </div><!-- footer -->
</body>

</html>
```

Code source de « index.php »

```
<?php get_template_part('header'); ?>

       <div id="content">
              <!-- contenu principal -->
       </div><!-- content -->
<?php get_template_part('footer'); ?>
```

Le fichier « index.php » va donc jouer le rôle de « mixeur » en appelant les trois autres fichiers PHP à des endroits précis de son code source.

Ce qui aura pour résultat l'obtention d'une page HTML complète dont voici le code source intégral vu du navigateur :

```
<!DOCTYPE html>
<head>     <title>Titre</title>     <meta http-equiv="Content-Type"
content="text/html; charset=UTF-8" />
     <link rel="stylesheet" type="text/css" href="style.css" media="screen"
/>
</head><body>

       <div id="content">
              <!-- contenu principal -->
```

```
        </div><!-- content -->

        <div id="footer">
                <!-- contenu du pied de page -->
        </div><!-- footer -->
</body>

</html>
```

La hiérarchie des fichiers ou comment WordPress reconnaît les fichiers d'un thème

Nous avons vu précédemment les fichiers de thèmes les plus usuels que WordPress utilise. Mais comment fait-il pour préférer tel fichier à un autre ?

WordPress fonctionne avec un système de hiérarchie pour savoir quel fichier doit être affiché en priorité. On peut comparer cela à une pyramide ou un arbre généalogique avec le fichier index.php en bout de chaîne. WordPress part de tout en bas pour terminer tout en haut : c'est donc le fichier index.php qui est appelé en dernier si aucun fichier n'est chargé avant. Il faut bien retenir cette notion !

Comment WordPress sait quel fichier appeler ? Il n'y a aucune magie, il va simplement se baser sur l'URL :

- si l'URL est du type : www.exemple.com/titre-article, WordPress va chercher le fichier « single.php ». Si aucun fichier single.php se trouve dans le thème, ce sera le fichier « index.php » ;
- si l'URL est du type : www.exemple.com/titre-page, WordPress va chercher le fichier page.php. Le cas échéant, ce sera toujours notre « index.php » que WordPress affichera.

Mais rien ne vaut un schéma pour comprendre simplement le chemin que WordPress emprunte ! Celui-ci est à lire de gauche (What Page) à droite (index.php).

Pour avoir un visuel plus détaillé, je vous invite à aller sur ce site : wphierarchy.com

C'est un système simple et terriblement efficace ! Il est possible de charger un gabarit PHP (sans rien faire !) pour chaque catégorie, modèle de page, custom post type, custom taxonomy... Nous verrons cela plus en détail plus loin.

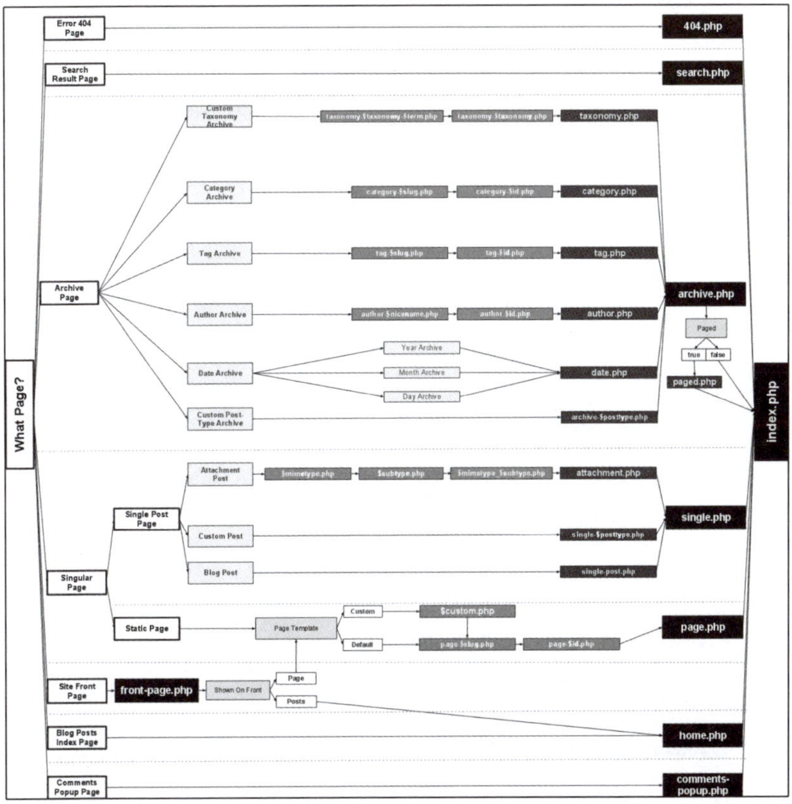

Figure 6.4 – « Hiérarchie de templates » :
https://codex.wordpress.org/images/1/18/Template_Hierarchy.png

6.2 LES THÈMES : BOUCLES ET FONCTIONS COMMUNES

Les marqueurs de modèle (*template tags*)

Les marqueurs de modèle, que l'on va appeler *template tags*, sont des fonctions PHP spéciales WordPress. Ces fonctions adressent des résultats lorsqu'elles sont exécutées par WordPress. Elles vont chercher le contenu dans la base de données du site.

Concrètement, elles permettent d'afficher du contenu ou de le choisir, de créer des zones « widgetisables » ou encore d'afficher un menu.

Exemple d'un template tag :

```
<?php bloginfo(); ?>
```

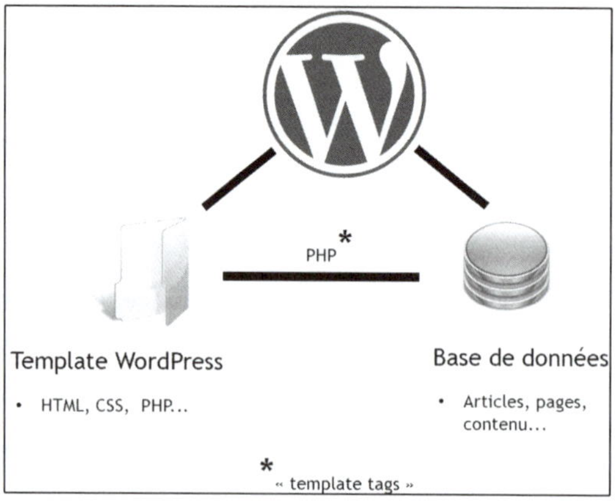

Figure 6.5 – Template tags : fonctions PHP WordPress pour piocher des infos dans la base de données

Cette fonction WordPress va afficher par défaut le titre de votre site.

Comme toutes fonctions PHP, un template tag peut prendre un ou plusieurs paramètres. Ceux-ci permettent de choisir, de manière détaillée, l'action d'une fonction.

Cette fonction WordPress va par exemple afficher l'URL de votre site Web :

```
<?php bloginfo('url'); ?>
```

Une petite recherche dans le codex (http://codex.wordpress.org) de WordPress permettra de savoir quel paramètre est utilisable pour chaque fonction. Abusez-en ! Nous allons en utiliser d'autres dans la suite du livre.

Par exemple, pour les paramètres de `bloginfo()`, voir : http://codex.wordpress.org/Template_Tags/bloginfo.

Les fonctions PHP WordPress (*function reference*)

Vous allez parfois trouver des fonctions au nom similaire.

Voici un exemple pour comprendre cette subtile différence entre un « template tag » et une « Function reference » :

1. `get_bloginfo()` – Function Reference
2. `bloginfo()` – Template Tags

`bloginfo()` : Va afficher un lien (suivant son paramètre) dans le code HTML. Nous allons voir directement son résultat.

`get_bloginfo()`: Cette fonction fait le même travail, mais n'affiche rien dans une page PHP ou HTML. Il faudra user d'une variable et d'un `echo()`pour faire cela.

Ces fonctions WordPress (*function reference*), n'affichent rien mais retournent des valeurs que l'on peut stocker dans une variable PHP. Contrairement aux template tags qui eux retournent un résultat visible.Vous n'en aurez pas forcément besoin, mais c'est très pratique quand le besoin s'en fait sentir !

Boucle standard WordPress (*loop*)

La boucle, c'est le cœur de WordPress. Mais avant de passer à WordPress, rappelons ce qu'est une boucle en langage informatique.

- Voici une boucle « for » dans son plus simple appareil :

```
for ( $compteur = 1; $compteur <= 5; $compteur += 1) {
echo $compteur;
}
```

Explication : le code situé entre les accolades {..} va être répété n fois (ici cinq fois).

- Voici un autre type de boucle, la boucle « while » :

```
$compteur = 1;
while ( $compteur <= 5 ) {
$compteur += 1;
}
```

Explication : on ajoute « +1 » à la variable « $compteur » tant que celle-ci n'a pas atteint le nombre 5.

Passons maintenant à la boucle dans WordPress.

Une boucle WordPress (appelée *loop*) parcourt la base de données du site WordPress. En fonction de la manière dont cette boucle a été codée, elle affichera le contenu désiré : page, article, catégorie, titre, lien « Lire la suite », etc.

À l'intérieur d'une boucle, il est possible :

- d'insérer son propre code HTML histoire de contrôler l'affichage du contenu ;
- d'insérer des marqueurs de modèle (template tags) ;
- d'insérer des fonctions PHP (function reference).

Voyons maintenant le code WordPress. Voilà à quoi ressemble une boucle WordPress standard :

```
<!-- Boucle -->
<?php if ( have_posts() ) :?>

        <?php while ( have_posts() ) : the_post(); ?>
                <!-- contenu de la boucle -->
                        <h2> <?php the_title(); ?> </h2>
                        <?php the_content(); ?>

                <!--Fin contenu de la boucle -->
        <?php endwhile;?>

        <?php else: ?>
                <!--Si la boucle n'affiche rien -->

                        <p>Aucun résultat</p>
<?php endif; ?>
<!-- Fin boucle -->
```

Explication étape par étape :

- L'algorithme commence avec une condition (« if ») : s'il y a du contenu (article, page, etc.), la boucle démarre. Dans le cas contraire, elle ne démarre pas.
- Lorsque la condition est remplie, on ajoute une boucle « while » : tant que la fonction `have_posts()` retourne la valeur « true » (en d'autres termes, tant qu'il y a du contenu à afficher), le contenu de la boucle se répète. Dans le cas contraire, « Aucun résultat » s'affiche.
- Le contenu de cette boucle est composé de code HTML et de fonctions (template tags). Le titre est sorti grâce à `the_title()` et est affiché entre des balises <h2>. La fonction `the_content()` affiche alors le contenu principal.

Une boucle WordPress pourrait se résumer ainsi : tant qu'il y a du contenu, la boucle l'affiche suivant nos goûts. Une boucle, c'est un mix de code HTML et de fonctions PHP WordPress.

Peu importe le thème et les nombreuses variantes d'une boucle. Une boucle est un moyen d'interroger la base de données de WordPress, puis d'afficher le résultat de cette requête.

Pour comprendre la notion de boucle : si la boucle doit afficher trois articles, le contenu de cette boucle sera affiché trois fois. La boucle n'affiche donc que ce qu'elle trouve dans la base de données.

Remarque – Il est possible d'insérer plusieurs boucles dans un même fichier. Nous en parlons plus loin.

Vous connaissez maintenant les principaux rouages de WordPress pour afficher le contenu de votre site.

Fonctions communes dans une boucle

Certaines fonctions ne sont utilisables qu'à l'intérieur d'une boucle. Ces fonctions vont donc agir autant de fois que la boucle se répète.

Voici une sélection des fonctions les plus utilisées :

- `the_title()`. Récupère et affiche le titre de chaque article (ou de la page) courant.
- `the_content()`. Récupère et affiche le contenu principal de chaque article courant.
- `the_permalink()`. Récupère et affiche l'URL de chaque article courant.
- `the_time()`. Récupère et affiche la date de création pour chaque article courant.
- `post_class()`: Permet à WordPress d'imprimer ses propres classes et identifiant CSS. `the_ID()`. Récupère et affiche l'identifiant de chaque article.

D'autres éléments apparaissent à l'intérieur d'une boucle. Notamment l'objet `$post` qui contient des données extrêmement utiles. Nous y consacrons une partie un peu plus loin dans ce livre.

Fonctions communes hors d'une boucle

S'il existe des fonctions pour l'intérieur des boucles, il y en existe aussi pour l'extérieur des boucles. Ces fonctions n'ont pas forcément un rapport direct avec le contenu affiché. Voici les plus communes :

- `get_template_part()`: Permet d'insérer le contenu de n'importe quel autre fichier PHP du thème.
- `wp_nav_menu()`: Permet d'afficher un menu de navigation (créé précédemment dans le back office).
- `bloginfo()`: Permet d'afficher des informations relatives à votre site comme son ou ses URL (entre autres).

Personnaliser une boucle avec query_posts()

La fonction `query_posts()` permet de paramétrer une boucle très facilement. La figure 6.6 illustre un exemple de structure :

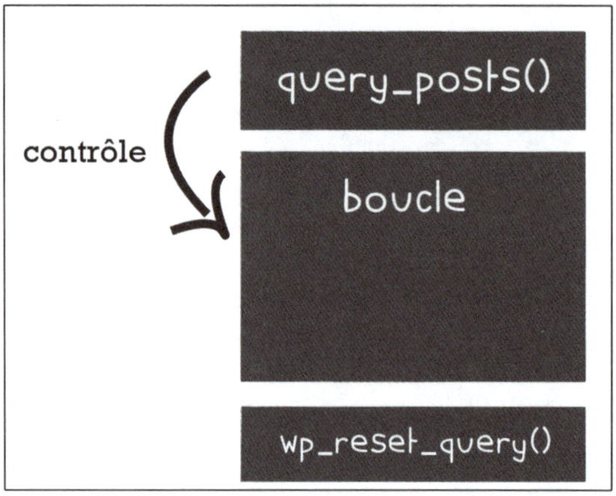

Figure 6.6 — « Emprise » de query_posts() sur une boucle

Le code suivant illustre quant à lui un exemple de personnalisation avec query_posts() :

```
<?php

// On personnalise la boucle avec query_posts()
query_posts('showposts=5'); // Paramètre : on n'affiche que 5 articles

// La boucle qui affichera 5 articles

                 if (have_posts()) : while (have_posts()) : the_post(); ?>
              <!-- contenu de la boucle -->
              <?php endwhile; else:  ?>
       <?php endif; ?>


<?php

// Remise à zéro de la requête
wp_reset_query();

?>
```

L'instruction wp_reset_query() est utilisée à la fin de query_posts() et avant une autre query_posts(). Cela permet en effet d'éviter des dysfonctionnements lorsqu'il y a plusieurs boucles sous « l'emprise » d'une query_posts() dans un même fichier.

Ses paramètres sont nombreux. La fonction query_posts() peut en avoir plusieurs grâce à un tableau. En effet, un tableau permet de contenir plusieurs types de variables. C'est une façon différente de passer des paramètres à une fonction : plus pratique et plus lisible que de passer des paramètres à la chaine.

À savoir – Par défaut, une boucle standard affiche les articles dans un ordre chronologiquement inverse (l'article le plus récent en premier).
Voici deux exemples :

```
query_posts(array(
        'cat'=> 5,
        'posts_per_page'=> 4
));
<!-- insérez la boucle ici -->
```

Description : la boucle va afficher quatre articles de la catégorie ayant comme identifiant 5.

```
query_posts(array(
         'cat'      => 22,
         'monthnum' => $current_month,
         'order'    => 'ASC',
));
<!-- insérez la boucle ici -->
```

Description : la boucle va afficher les articles de la catégorie ayant comme identifiant 22 du mois actuel et afficher les articles chronologiquement (du plus ancien au plus récent).

Bien entendu, il est possible de gérer plusieurs boucles personnalisées dans un même fichier, ce qui fait d'ailleurs tout l'intérêt de l'instruction `wp_reset_query()`, comme nous l'avons vu précédemment.

Pour plus d'informations sur `query_posts()`, vous pouvez une fois encore consulter le codex de WordPress, en vous rendant à l'adresse suivante : http://codex.wordpress.org/Template_Tags/query_posts.

Note – Les plus méticuleux d'entre vous peuvent utiliser plusieurs syntaxes pour cumuler des arguments à une fonction. Voici deux syntaxes différentes pour le même résultat :
Syntaxe 1 : tout dans une même ligne

```
$accroche->query('posts_per_page=1&category_name=blog');
```

Syntaxe 2 : utilisation d'un tableau

```
$accroche->query(array(
              'posts_per_page'=>1,  // nombre d'articles
              'category_name'=>'blog',  //choix de la catégorie
       ));
```

Utiliser plusieurs boucles

Reprenons l'exemple d'un index.php (figure 6.7).

Figure 6.7 – Index.php faisant appel à trois autres fichiers PHP externes

Il est tout à fait envisageable d'avoir plusieurs boucles dans un même fichier PHP. Pour reprendre l'exemple précédent, imaginons que index.php affiche le contenu principal et le contenu de la sidebar, sans faire appel à un fichier PHP externe.

Nous aurions donc une boucle qui afficherait le contenu principal et une autre qui afficherait les articles les plus populaires. Chaque boucle étant placée à l'endroit où elle affiche leur résultat.

Avec des boucles contrôlées par la fonction `query_posts()`, il ne faut surtout pas oublier de borner chaque boucle avec `wp_reset_query()`. Qu'elles soient placées dans un fichier externe ou non.

Voici un exemple de deux boucles dans un même fichier :

```
<!-- première boucle -->
<?php query_posts(.....);
                 if (have_posts()) : while (have_posts()) : the_post(); ?>
              <!-- contenu de la boucle -->
       <?php endwhile; else:  ?>
       <?php endif;

wp_reset_query();
?>
```

```
<!-- deuxième boucle -->

<?php query_posts(.....);
                if (have_posts()) : while (have_posts()) : the_post(); ?>
             <!-- contenu de la boucle -->
      <?php endwhile; else:  ?>
      <?php endif;

wp_reset_query();
?>
```

6.3 WORDPRESS : FONCTIONNEMENT AVANCÉ

Objets, méthodes et paramètres

Avant d'aborder l'utilisation des objets PHP, voici un bref rappel de leur fonctionnement dans WordPress.

Figure 6.8 – Schéma explicatif d'un objet

Pour créer un objet, nous avons besoin d'un constructeur. À cet objet, il est possible d'attribuer une méthode. Cette méthode accepte des paramètres (figure 6.8).

Lorsque nous sommes en possession d'un objet, il est possible de créer une boucle à partir de cet objet. Concrètement, cela ressemble à ceci :

```
<?php
       $objet = new nom-fonction(); // on construit l'objet
       $objet->methode('parametre'); // on attribue une méthode à l'objet
              while($objet->have_posts()) : $ objet->the_post();

              <!-- contenu de la boucle -->

       <?php endwhile; ?>
?>
```

Nous allons examiner les objets à travers deux exemples : l'objet `$post` et l'objet de `WP_Query()`.

Vous n'avez pas d'inquiétude à avoir si cela vous paraît flou ou compliqué. Rappelez-vous que tous les codes sources fonctionnent tels quels. Un simple copier/coller permet de les faire fonctionner.

La boucle et l'objet $post

L'objet `$post` est disponible dès que la fonction `the_post()` est exécutée (toujours au moment du lancement de la boucle). $post est donc uniquement disponible à l'intérieur d'une boucle.

L'objet `$post` permet de récupérer des informations très utiles concernant l'article courant. Voici quelques-uns de ses paramètres :

- `$post->ID`. Retourne l'identifiant de l'article courant. Utile si vous deviez afficher uniquement cet article dans une boucle.
- `$post->post_content`. Retourne le contenu principal de l'article (ou de la page).
- `$post->post_title`. Retourne le titre de l'article courant.
- `$post->comment_count`. Retourne le nombre de commentaires d'un article.
- `$post->post_modified`. Retourne la date de modification d'un article.
- `$post->post_type`. Retourne le type : page ou article ?
- `$post->post_category`. Retourne l'identifiant de la catégorie qui contient l'article courant.

Attention, `$post` n'affiche rien. Si vous voulez afficher l'une de ses valeurs, il vous faudra utiliser la fonction `php écho ()`, comme dans l'exemple suivant :

```
       <!-- Boucle -->
       ...
```

```
            <?php while ( have_posts() ) : the_post(); ?>
                  <?php echo($post->ID) ?> // affichera l'ID de
l'article
            <?php endwhile; else: ?>
      ...
      <!-- Fin boucle -->
```

Personnaliser une boucle avec un objet de WP_Query()

Comme `query_posts()`, `WP_Query()` va permettre de contrôler une boucle (figure 6.9).

Les puristes diront que `query_posts()` est uniquement réservée à la boucle principale. Il faudrait donc utiliser `WP_Query()` lorsque l'on crée une autre boucle totalement différente de la principale. En réalité, cela fonctionne également très bien avec `query_posts()`...

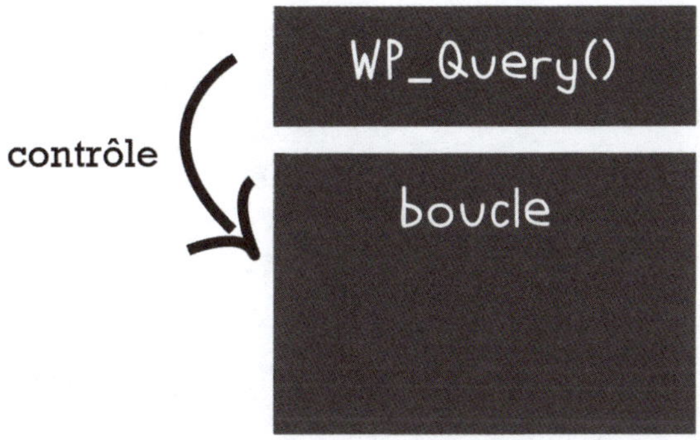

Figure 6.9 — `WP_Query()` contrôle sa propre boucle

Concrètement, cela ressemble à ceci :

```
<?php

      $objet = new WP_Query(); // $objet est un objet de WP_Query()
      $objet->query('posts_per_page=2'); // query est une méthode de
WP_Query()
      // la boucle dépend de $objet
      while($objet->have_posts()) : $objet->the_post(); ?>

            <!-- contenu de la boucle -->

<?php endwhile; ?>
```

Remarque – Pour connaître les méthodes que peut utiliser un objet de `WP_Query()`, il suffit de regarder les paramètres de `query_posts()`. Les méthodes d'un objet de `WP_Query()` utilisent les mêmes paramètres que ceux de `query_posts()`.

Pour plus de détails et pour obtenir la liste des méthodes de `WP_Query()`, voir :
http://codex.wordpress.org/Function_Reference/WP_Query.

Pour les paramètres d'un objet de `WP_Query()`, voir :
http://codex.wordpress.org/Template_Tags/query_posts.

Interagir avec la base de données WordPress

Si vous êtes à l'aise avec les requêtes SQL (ce qui est loin d'être le cas de beaucoup de monde), il vous sera facile de créer de toutes pièces vos propres boucles.

WordPress propose une classe qui se nomme `$wpdb`. Celle-ci permet d'interroger la base de données avec des requêtes SQL et de récupérer les résultats.

Voici un exemple commun d'utilisation :

```
$fivesdrafts = $wpdb->get_results("SELECT ID, post_title FROM $wpdb->posts
       WHERE post_status = 'draft' AND post_author = 5");

foreach ($fivesdrafts as $bidule) {
       echo $bidule->post_title;
}
```

Explications : dans un premier temps, les résultats de la requête sont stockés dans une variable. Puis, on crée une boucle « foreach » basée sur cette variable, pour afficher le contenu.

Une boucle « foreach » est un moyen simple de passer en revue un tableau : à chaque itération, la valeur de l'élément courant est assignée à une variable.

Pour plus d'informations, voir :
http://codex.wordpress.org/Function_Reference/wpdb_Class.

6.4 WORDPRESS : L'ENVERS DU DÉCOR

WordPress et les URL

D'ordinaire, lors du développement d'un site web, des liens relatifs pour les images, les CSS ou encore les fichiers JavaScript sont utilisés. Il faut entendre ici « relatif » comme « relatif au fichier HTML ».

Or WordPress fonctionne uniquement avec des URL absolues et ignore les liens relatifs. Il n'est donc pas possible de les utiliser dans un thème. Ainsi, il ne sera pas possible d'écrire un lien sous cette forme :

```
/images/exemple-image.jpg
```

Seule celle-ci sera tolérée par WordPress :

```
http://www.mon-site.com/wp-content/themes/nom_du_theme/images/exemple-
image.jpg
```

Ce n'est pas très pratique, mais heureusement, WordPress dispose d'un fameux template tag appelé `bloginfo()` qui retourne une URL, en fonction du paramètre fourni.

Ainsi, la ligne suivante affiche l'URL de votre site. Ici : http://www.mon-site.com :

```
<?php bloginfo('url'); ?>
```

Tandis que celle-ci affiche le chemin complet du fichier contenant le thème. Ici :
http://www.mon-site.com/wp-content/themes/nom_du_theme/ :

```
<?php bloginfo('template_url'); ?>
```

Il sera donc nécessaire d'ajouter à vos liens relatifs cette dernière fonction ; ce qui donnera :

```
<?php bloginfo('template_url'); ?>/images/exemple-image.jpg
```

Pour plus d'informations sur `bloginfo()`, voir :
http://codex.wordpress.org/Template_Tags/bloginfo.

WordPress et sa base de données

Nous avons souvent évoqué la base de données de WordPress ; elle contient tout le contenu du site : texte, lien des images, lien vidéo... mais également les utilisateurs, leurs préférences, les commentaires, etc.

Mettons une image sur tout cela. Direction phpMyAdmin pour voir ce que cache cette base de données (Figure 6.10). Pour rappel, une base de données contient plusieurs tables de données.

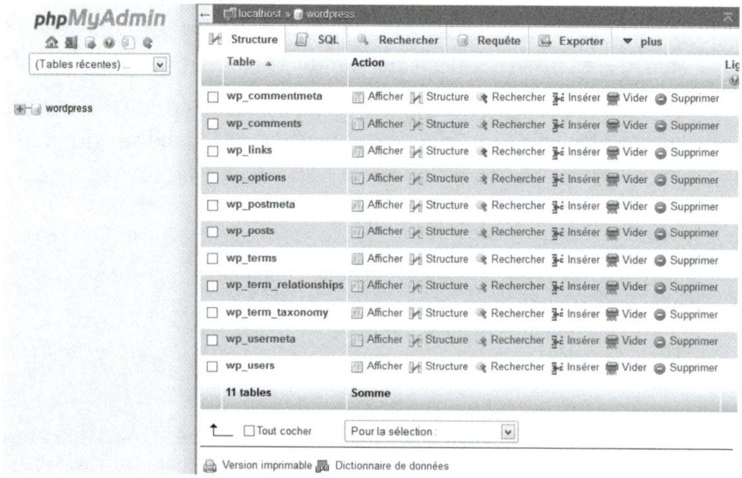

Figure 6.10 — `WP_Query()` Tables de données après installation de WordPress

Une installation vierge de WordPress contient exactement 11 tables de données : pour les pages, articles, utilisateurs, commentaires, etc. Dès lors que vous allez ajouter des plugins, il y a de grandes chances que ces derniers en créent de supplémentaires, avec les risques de ralentissement et de sécurité qui vont avec. Faites attention !

Trucs et astuces pour réussir son template

Mettre son propre contenu

Comme nous l'avons vu au chapitre 2, WordPress inclut automatiquement du contenu fictif lors de son installation. Il est préférable de le supprimer afin de créer le sien propre : catégorie, article, page... et de remplir tous les champs.

De cette façon, vous ne perdrez plus de temps à vous demander : « Mais quel est ce contenu ? Est-ce un article ? Est-ce une page ? ». Travailler dans un environnement que l'on maîtrise permet de gagner en confiance.

Optimiser son poids

Ce qui est le plus « lourd » dans un template, ce sont les images utilisées pour son design : images d'arrière-plan, ombrage, boutons, etc.

La rapidité d'affichage étant un critère déterminant pour les visiteurs (et pour Google), votre thème doit être à la hauteur. Dès lors, faites faire un régime à vos images !

Si vous utilisez Photoshop, rendez-vous dans le menu « Fichier > Enregistrer pour le Web et les périphériques ». Une fenêtre apparaît alors. En haut à droite, vous pouvez choisir le format de l'image (png, jpeg...). Il est également possible de choisir la qualité. Mais attention, plus elle sera haute, plus votre image sera lourde ! Veillez donc à optimiser la qualité des images en fonction de vos besoins.

Ne jamais avoir une confiance absolue dans les utilisateurs

Imaginez toujours le pire. Ne jamais penser que l'utilisateur final « va savoir faire ». Comme pour les templates publics, votre design doit être flexible. Imaginez qu'un utilisateur mette 250 liens dans votre barre latérale : il faut que le design du site (l'intégration HTML/CSS) tienne le coup.

Avoir un cahier des charges précis

Si vous travaillez pour un client (ou autre), il est important qu'il définisse aussi clairement que possible les fonctionnalités qu'il attend de son site : nombre de rubriques à créer (cela vous aidera à gérer l'espace dans le menu horizontal), développement de plugins complexes, etc.

Certains clients pensent qu'un CMS est un outil magique qui permettrait de tout faire. Ils n'ont pas vraiment tort... Néanmoins, le développement de fonctionnalités précises peut demander beaucoup de temps et donc beaucoup d'argent (et là généralement, les clients aiment moins...).

Livrer un mode d'emploi

Pour rassurer et accompagner l'utilisateur final, n'oubliez pas d'ajouter à votre thème un mode d'emploi personnalisé. C'est courtois, rassurant et utile, surtout si votre thème est doté de fonctionnalités qui ne sont pas standard.

De plus, ce mode d'emploi vous servira de « pense-bête », si d'aventure votre client devait vous recontacter plus tard, pour un dysfonctionnement ou pour une demande de mise à jour.

7

Comment créer son propre thème ?

7.1 BOÎTE À OUTILS

Pour créer un thème WordPress, vous aurez besoin des mêmes outils que pour la création d'un site Internet. Le minimum requis se résumant à un navigateur Internet et à un éditeur de texte.

Pour gagner en confort, en rapidité et en qualité, voici la boîte à outils du « parfait petit webdesigner ».

> **Remarque importante** – Tous les codes sont disponibles sur la page dédiée au livre sur www.dunod.com pour faciliter le copier / coller.

1. **Le navigateur Internet Firefox + des modules**
   Mozilla Firefox possède de nombreux modules complémentaires, comme « Firebug » et « Web Developer », qui permettent de simplifier la vie des webdesigners.
   • Firebug permet d'inspecter scrupuleusement le code source d'une page HTML, directement dans le navigateur, en survolant les différents éléments. Grâce à lui, les styles CSS qui sont associés à un élément sont visibles du premier coup d'œil. Mais surtout, le code source peut être édité « en direct » ! Vous pourrez le télécharger en suivant ce lien : https://addons.mozilla.org/fr/firefox/addon/1843/.

- Web Developer ajoute quant à lui une barre d'outils à Firefox. Grâce à ce module, vous pourrez par exemple, redimensionner la fenêtre du navigateur à votre guise, désactiver les CSS ou le Javascript et valider les CSS ou l'HTML d'un simple clic. Vous pourrez le télécharger en suivant ce lien : https://addons.mozilla.org/fr/firefox/addon/60/.

2. **Un éditeur de texte : NotePad++ ou sublime text 2**
En plus de disposer des fonctions de base d'un bon éditeur de texte (coloration syntaxique du langage, choix de l'encodage...), ils permettent tous deux le partage de l'écran en deux parties (par exemple). Il est en effet très pratique d'avoir, sur le même écran, d'un côté un document HTML et de l'autre un document CSS.
Vous trouverez NotePad++ à l'adresse suivante : http://notepad-plus.sourceforge.net/fr/site.htm. et sublime text 2 à celle-ci : http://www.sublimetext.com/2

3. **Tester sur plusieurs navigateurs**
Pour s'assurer de la compatibilité de votre site sur plusieurs navigateurs, n'oubliez pas de tous les tester. Si votre site s'affiche correctement sur Firefox, Internet Explorer, Chrome, Opera et Safari, c'est déjà très bien !

4. **Un logiciel d'infographie**
Un webdesigner doit pouvoir découper la maquette d'un infographiste rapidement et précisément. Si vous avez les moyens de les acquérir, Photoshop ou Fireworks sont les références dans ce domaine. Mais des logiciels gratuits comme GIMP existent également.

5. **Les indispensables**
Vous devrez également posséder un logiciel FTP (comme FileZilla) et un serveur local (comme WAMP).

7.2 MÉTHODE À SUIVRE

Précisions

Cette rubrique propose une feuille de route pour mener à bien la création d'un site Internet sous WordPress, de A à Z. Même si vous n'allez vous occuper que d'une partie précise, il est important d'avoir une vue d'ensemble d'un projet : cela revient à savoir d'où l'on vient pour savoir où l'on va...

Dans la section « Tutoriel : réaliser le Template AlsaWP », qui se situe à la fin de cette troisième partie, au chapitre 8, vous trouverez une mise en œuvre détaillée de cette méthode.

Création du design

Nous pourrions écrire un livre entier dédié à ce thème aussi vaste que passionnant. Nous n'en avons pas le temps, mais rien ne nous empêche, pendant quelques instants, de nous mettre à la place d'un infographiste.

La charte graphique d'un site Internet doit répondre à un cahier des charges spécifique. Celui-ci va bien entendu changer en fonction des besoins du client : e-commerce, site institutionnel, site vitrine, magazine, blog... Néanmoins, ces sites ont ceci de commun qu'ils suivent quelques « tendances » actuelles, que nous présentons ci-après.

One page layout

Une des tendances actuelles consiste à créer des sites « carte de visite » où l'ensemble du site est contenu sur une seule et unique page. L'approche est plutôt minimaliste, mais avec une « pincée » de JavaScript, on peut en faire défiler le contenu (figure 7.1).

Figure 7.1 — Exemples de sites « One page layout »

Le minimalisme

Une autre tendance est le recours au minimalisme, mais celui-ci devient désormais « chaud » et va contenir des couleurs fraîches et beaucoup d'espace (figure 7.2). On l'appel plus communément le «flat design ».

Des headers qui en mettent plein la vue

Laisser vos en-têtes respirer, s'exprimer ! N'hésitez pas pour cela à prendre toute la largeur et la hauteur de la page.

La première impression étant la plus importante, optimisez vos en-têtes : faites de la place pour au moins une illustration (photo, composition ou dessin) digne de ce nom, un gros logo et le menu principal.

Figure 7.2 — Exemples de sites minimalistes

En fonction du site, ce header surdimensionné ne sera présent que dans la page d'accueil (figure 7.3). Les pages internes auront quant à elles une version moins « haute », pour favoriser la lecture.

Figure 7.3 — Exemples de headers

Les textures pour l'ambiance

Les sites texturés donnent une ambiance plus marquée. On pourra les utiliser aussi bien pour des détails que pour l'ensemble du site (figure 7.4).

Un élément incontournable si vous voulez ajouter une plus-value à votre site !

Figure 7.4 — Exemples de textures

Des footers imposants

Tout comme les headers, les footers vont devenir plus riches : réseaux sociaux, Flickr, informations personnelles, formulaires de contact, newsletters (figure 7.5). On peut même se demander s'ils ne vont pas finir un jour par remplacer le contenu principal...

Figure 7.5 — Exemples de footers

La typographie

N'hésitez plus à utiliser la typographie comme élément principal du design de votre site. Respectez l'alignement, testez de nouvelles polices, amusez-vous avec : c'est le moment de les « tordre » dans tous les sens !

Grâce à la propriété CSS FontFace est un jeu d'enfant ! (figure 7.6).

Figure 7.6 — Les choix typographiques

Des images énormes

Les grandes images ont leur intérêt : elles vont être utilisées pour inviter le visiteur à effectuer une action, comme suivre un compte Twitter. Elles vont également permettre de mettre en avant une rubrique (figure 7.7).

Figure 7.7 — De grandes images

La disposition « magazine »

Les magazines sont de plus en plus présents sur le Web et les blogs ont tendance à leur ressembler de plus en plus, s'affranchissant ainsi d'un design et d'une disposition simplistes qui, fort heureusement, ont tendance à disparaître (figure 7.8).

Figure 7.8 — La disposition « magazine »

Le dessin « fait main »

Afin d'apporter une touche d'authenticité à votre design, utilisez le « fait main » (figure 7.9).

Figure 7.9 — Un exemple de dessin « fait main »

Mixez les perspectives

N'hésitez plus à mélanger les perspectives pour apporter de la profondeur (figure 7.10).

Figure 7.10 – Mix des perspectives

Utilisez un système de grille

Dernier conseil d'infographiste : essayez de réaliser votre design avec un système de « grille ». Il vous permettra d'obtenir une maquette équilibrée (figure 7.11). Vous trouverez un exemple de grille en suivant ce lien : http://960.gs.

Intégration statique en HTML/CSS

La maquette du site étant prête, il est temps de l'intégrer en HTML/CSS.

Pour les non connaisseurs : il s'agit ici de transformer une image en une page HTML fonctionnelle.

Réaliser tout d'abord sur papier un croquis des différentes zones à placer (divers titres, header, footer, etc.) permet d'avoir une vue globale du projet. Vous gagnerez ainsi un temps considérable.

Bien entendu, nous insérons du contenu en « dur » dans le code HTML.

Cette intégration, dite statique, est une étape cruciale. C'est la charpente de votre template ! Elle doit donc être réalisée avec le plus grand soin. Après le placement des zones du site, il ne faut pas oublier de styler les différentes balises (images, puces, liste, h1, h2, etc.).

Pour finir, un « contrôle qualité » s'impose : insérer beaucoup de contenu vous permettra notamment de contrôler le comportement de votre intégration.

Le résultat final est une intégration statique de la page d'accueil et d'une page de contenu (figure 7.12).

Figure 7.11 – Exemple de site réalisé avec un système de grille

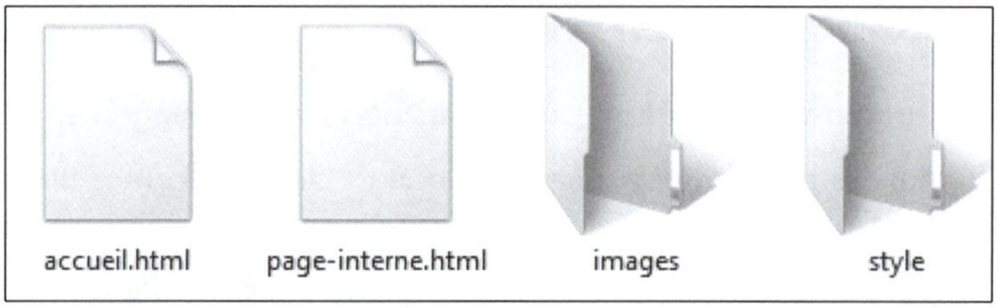

Figure 7.12 – Exemple final d'une intégration statique (style contenant une ou plusieurs CSS)

Création du template WordPress

Nous disposons maintenant d'un fichier HTML accompagné de sa feuille de style CSS grâce à l'intégration statique. Il suffit maintenant de lui injecter du code WordPress (à l'aide de boucles et autres template tags) aux endroits qui vont être dynamiques. Il s'agit en fait de ce que WordPress va gérer, à savoir : la navigation, le titre de la page, le contenu principal, etc.

Pour résumer, nous allons transformer le contenu « dur » de notre intégration statique en contenu dynamique.

Il restera éventuellement à styler certains éléments que WordPress génère lui-même, comme le contenu ou les listes. Le module Firebug de Firefox sera d'ailleurs d'une grande utilité pour déterminer quelle classe ou quel identifiant devra être stylé dans nos feuilles CSS.

À ce stade, une question se pose : « Faut-il partir d'un thème existant pour pouvoir créer le nôtre » ?

Il est en effet possible de copier/coller le dossier d'un thème existant car la structure du thème peut être reprise. Les fichiers PHP standard sont déjà présents (pour mémoire, il s'agit de style.css, index.php, single.php, page.php, category.php functions.php). Il est donc très facile de modifier l'image de présentation de votre thème (screenshots.php) et sa description (style.css) pour que le template soit rapidement fonctionnel.

Néanmoins, il n'est pas conseillé de reprendre le code source de ces fichiers PHP. Bien entendu, on peut s'en inspirer ; mais, en fonction du thème, il y a un risque de perdre beaucoup de temps à prendre connaissance du code source. Il vaut donc mieux tout effacer et insérer son propre code HTML statique pour insérer ses propres fonctions WordPress (boucles, template tags, etc.).

7.3 UN BON DÉPART POUR UN BON THÈME

Partir d'un thème existant ?

N'imaginez pas faire votre thème sur mesure et créer votre propre thème de A à Z. Pour gagner du temps, on peut copier / coller certains bouts de code, notamment pour le fichier functions.php et le fichier style.css.

Quatre fichiers de départ

Les thèmes se trouvent dans le dossier « wp-content/thèmes » de WordPress.

À l'intérieur de celui-ci, il faut au minimum créer ces fichiers :

- index.php
- functions.php
- style.css
- screenshot.png

Pour finir, il faut éditer « index.php » en insérant tout simplement le code HTML suivant :

```
<p>Mon theme fonctionne</p>
```

Remarque importante – Encodez toujours vos documents au format UTF-8, sans BOM (chaîne de caractères placée dans le fichier permettant la reconnaissance du fichier UTF-8 en tant que tel), car le BOM est incompatible avec PHP. Or WordPress est basé sur le langage PHP. Aussi, dans le cas où le format UTF-8 avec BOM est choisi, des décalages peuvent apparaître dans le template.

Modifier la description et la vignette du thème

Il est important de modifier la description de votre thème ainsi que l'image « screenshot.png ». Ces informations seront visibles dans l'interface d'administration pour choisir l'apparence de votre site.

Pour modifier la description : style.css

Après avoir ouvert le fichier, vous apercevrez tout au début du document un segment se situant entre deux balises de commentaires /*...*/. C'est uniquement cette partie qui nous intéresse. Quant au reste, vous pouvez le supprimer, car nous allons utiliser notre (ou nos) propre(s) feuille(s) de style CSS.

```
/*
Theme Name: AlsaWP
Theme URI: http://www.alsacreations.com
Description: Template crée pour le livre "WordPress 3.0 : 100% pratique"
Author: Alsacréations - Simon KERN
Version: 1
*/
```

Détails des différents champs :

- Theme Name : nom de votre thème.
- Theme URI : lien vers l'auteur du thème.
- Description : description de votre template.
- Author : auteur du template.
- Version : version de votre Template.

Sauvegardez et c'est terminé !

Remarque – WordPress interdit la même description pour deux thèmes. Si le cas se présentait, il y aurait des problèmes lors des choix du thème dans l'espace d'administration. Aussi, si vous partez d'un thème existant (ce qui est le cas ici), n'oubliez pas de modifier cette partie.

Pour modifier la vignette : screenshot.png

La vignette affiche un aperçu du design du template. Il faudra créer le fichier « screenshot.png » pour l'adapter à votre thème avec un logiciel de retouche d'images.

La dimension recommandée pour cette image est de 1200 × 900 pixels au format PNG. Un screenshot de votre site fera parfaitement l'affaire.

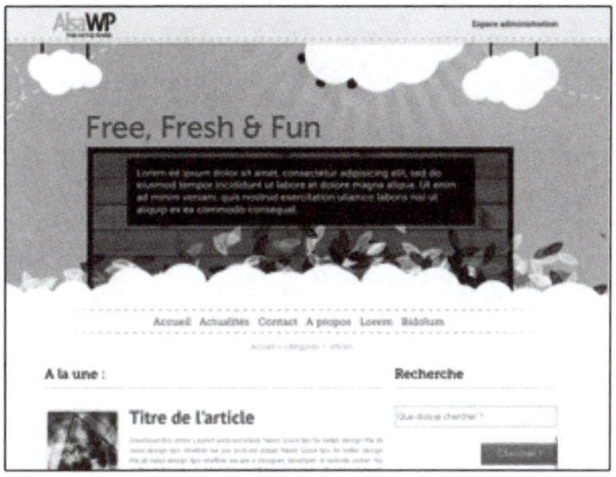

Figure 7.13 – Exemple d'une vignette (screenshot.png) donnant un aperçu du template AlsaWP dans le back office

Tester et activer notre ébauche de thème

Il faut maintenant vérifier que le thème est correctement reconnu par WordPress. Pour cela, rendez-vous tout d'abord dans la partie d'administration de WordPress pour l'activer. Si votre vignette et la description du thème sont visibles, tout est en ordre (figure 7.14). Activez alors le thème et un message de confirmation apparaîtra.

La partie publique affiche simplement le contenu de notre fichier « index.php », à savoir : « Mon thème fonctionne » (figure 7.15).

À partir de maintenant, chaque modification de ce thème sera visible directement sur WordPress. Notre template est donc prêt à recevoir notre code HTML enrichi de fonctions WordPress.

Insertion de votre code HTML statique

Commencez toujours par insérer votre propre code source (celui de l'intégration statique) à l'intérieur d'un fichier PHP.

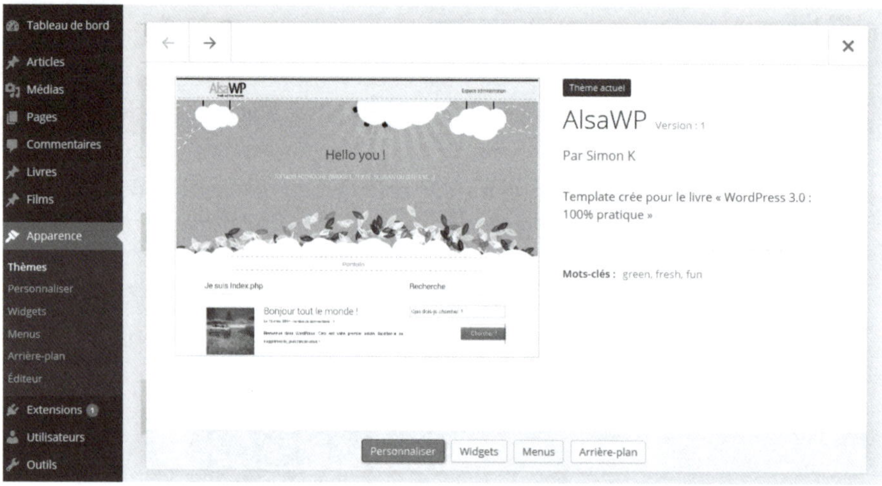

Figure 7.14 – Le template est bien présent dans la liste de choix

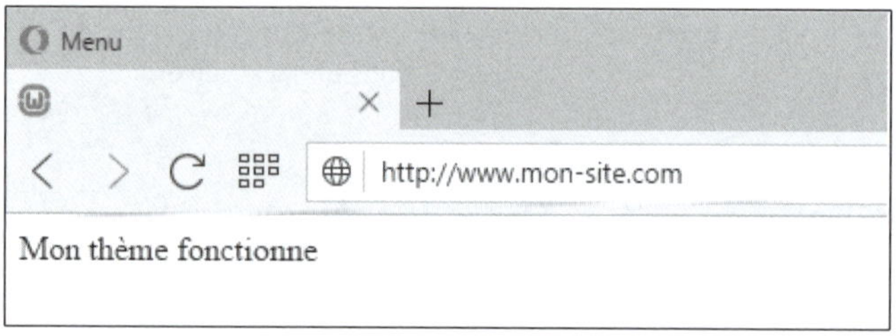

Figure 7.15 – La partie publique affiche bien le fichier « index.php »

N'oubliez pas de placer votre (ou vos) feuille(s) CSS et vos images dans le dossier du thème.

Sur la partie publique, vous remarquerez que des images peuvent être manquantes. Ceci est dû à leurs liens relatifs. Il faut donc mettre à jour tous ces liens, y compris ceux de vos CSS, grâce au template tag `php bloginfo()` vu précédemment.

Dès à présent, votre template doit s'afficher correctement. Il reste maintenant à rendre le contenu (navigation, contenu principal, etc.) dynamique, grâce aux boucles WordPress et aux marqueurs de modèles (template tags).

7.4 TEMPLATE WORDPRESS : LES BASES

Faire appel à des fichiers PHP distants

Il est temps maintenant de diviser ce fichier « index.php » (ou n'importe quel autre fichier). En d'autres termes, nous allons en extraire certaines parties, pour les incorporer dans d'autres fichiers PHP.

En fonction de vos choix, il est possible d'intégrer n'importe quel fichier PHP à l'intérieur d'un autre fichier PHP, grâce au template tag « template_part() » :

```
<?php get_template_part('footer'); ?>  <!-- intègre le contenu de
footer.php -->

<?php get_template_part('header'); ?>  <!-- intègre le contenu de
header.php -->
```

Figure 7.16 – Index.php faisant appel à trois fichiers PHP externes

Pour plus d'informations sur `template part()`, voir : http://codex.wordpress.org/Function_Reference/get_template_part.

Avant la version 3 de WordPress, il était habituel d'utiliser trois template tags dédiés à cette fonction. Il est encore possible de les utiliser :

```
<?php get_header(); ?> <!-- intègre le contenu de header.php -->

<?php get_footer(); ?> <!-- intègre le contenu de footer.php -->

<?php get_sidebar(); ?> <!-- intègre le contenu de sidebar.php -->

<?php comments_template(); ?> <!-- intègre le contenu de comments.php -->
```

Création d'un header compatible WordPress

Un header d'une page HTML est composé d'un « doctype » et d'une balise « head » qui contient elle-même d'autres balises.

Pour pouvoir créer un header, quatre étapes sont nécessaires :

1. Mettre à jour les liens (CSS, Favicon, JavaScript) grâce au template tag `bloginfo()`.
2. Insérer la fonction `wp_title()` dans la balise Title. Cette fonction affichera le titre de la page visitée.
3. Insérer la fonction qui gère les pings. Elle permet de savoir qui parle de votre site.
4. Et surtout : insérer la fonction `wp_head()` avant la balise fermante de head. Sans cette fonction, votre site sera incompatible avec la plupart des plugins et des fonctionnalités de WordPress, comme les RSS ou la gestion du background.

Exemple d'un header compatible WordPress :

```
<!DOCTYPE html>
<head>     <title><?php wp_title(); ?></title>     <meta
http-equiv="Content-Type" content="text/html; charset=UTF-8" />
     <link rel="shortcut icon" href="<?php bloginfo('template_directory');
?>/favicon.ico" />
     <link rel="stylesheet" type="text/css" href="<?php
bloginfo('template_url'); ?>/style.css" media="screen" />

     <link rel="pingback" href="<?php bloginfo('pingback_url'); ?>" />
<?php wp_head(); ?>

</head>
<body>
...
```

Création d'un footer compatible WordPress

N'oubliez pas d'insérer systématiquement la fonction `wp_footer()` avant la balise fermante de body. En effet, il est plus élégant d'insérer du contenu

JavaScript à la fin d'un document HTML. Il se peut qu'un plugin utilise cette méthode. Certains plugins ont besoin de la présence de cette fonction à cet endroit. Si cette condition n'est pas respectée, certains plugins ne fonctionneront pas.

```
...

<?php wp_footer() ?>

</body>

</html>
```

Mettre en place un Menu

La création d'un menu fait partie des bases pour créer un thème. Une partie y est consacrée plus loin.

Afficher un article ou une page avec une boucle standard

```
<!--Boucle article-->

       <?php if ( have_posts() ) :?>


              <?php while ( have_posts() ) : the_post(); ?>
                     <h3><a href="<?php the_permalink(); ?>" title="<?php
the_title(); ?>"><?php the_title(); ?></a></h3> <!-- Titre -->

                     <?php the_content(); ?> <!-- contenu -->

              <?php endwhile; else: ?>

                     <p>Aucun resultat</p>

       <?php endif; ?>

<!--Fin boucle article-->
```

- *Explications* : c'est la boucle standard de WordPress. Elle affiche le titre et son lien dans une balise <h3>, puis le contenu de l'article.
- Cette boucle doit être intégrée dans le fichier « single.php » pour afficher un article ou dans « page.php » pour afficher une page ou encore dans "index.php" pour afficher l'un ou l'autre. (cf. : la hiérarchie de fichiers de WordPress).

Autres affichages avec une boucle

Pour pouvoir afficher plusieurs articles d'une catégorie, le contenu d'une page ou le résultat du moteur de recherche, il suffit d'utiliser la boucle utilisée pour afficher un article complet. Seul le fichier dans lequel la boucle doit être intégrée change :

- Pour afficher plusieurs articles d'une catégorie, elle doit être intégrée dans le fichier « category.php ».
- Pour afficher le contenu d'une page, elle doit être intégrée dans le fichier « page.php ».
- Pour afficher le résultat du moteur de recherche, elle doit être intégrée dans le fichier « search.php ».
- Cf : la hiérarchie de fichiers de WordPress.

Une boucle : plusieurs résultats

La boucle standard de WordPress est simple : elle s'adapte au fichier php appelé par WordPress (grâce à la hiérarchie de fichiers de WordPress). En effet, une même boucle peut afficher des résultats différents. Tout dépend de la manière dont cette boucle est « appelée » par WordPress :

- Si la boucle est appelée pour afficher un article (single.php) ou une page (page.php), elle bouclera une seule fois.
- Si la boucle doit afficher plusieurs articles d'une catégorie (category.php), elle bouclera autant de fois qu'il y a d'articles.
- Si la boucle doit afficher plusieurs articles d'une requête de recherche (search.php), elle bouclera autant de fois qu'il y a de résultats.

Il n'est donc pas très étonnant que certains thèmes contiennent un fichier PHP appelé communément « loop.php » qui ne contient qu'une seule boucle. Ce fichier est intégré dans les autres fichiers du thème.

Afficher un lien « Lire la suite »

Comme nous l'avons vu précédemment, le template tag `the_content()` affiche le contenu entier d'un article dans une boucle.

```
<!-- .... Intérieur Boucle .... -->

       <?php the_content('Lire la suite'); ?>

<!-- .... Suite - intérieur Boucle .... -->
```

Si on passe un paramètre (du texte, ou du code HTML, par exemple pour afficher une image), seul le contenu se trouvant avant la balise « read-more » sera affiché.

Par défaut, après avoir cliqué sur le lien « Lire la suite », WordPress nous redirige vers l'article en question puis scroll directement jusqu'au niveau où le texte continue. Ce n'est pas forcément agréable. Voici le code PHP à insérer dans le fichier « functions.php » pour éviter ce comportement.

```
function remove_more_link_scroll( $link ) {
$link = preg_replace( '|#more-[0-9]+|', '', $link );
return $link;
}
add_filter( 'the_content_more_link', 'remove_more_link_scroll' );
```

Pour plus d'informations, voir :
http://codex.wordpress.org/Customizing_the_Read_More.

Afficher l'extrait d'un article

Les extraits sont des résumés facultatifs de vos articles, écrits à la main. Dans la partie d'édition un article, il faut cocher « Extrait » dans les « Options d'écrans » pour faire apparaître la box. Si aucun extrait n'est précisé, cette fonction affiche uniquement le texte d'un article (sans les images) avec un nombre de caractère prédéfini.

Voici la fonction à insérer à l'intérieur d'une boucle :

```
the_excerpt();
```

Pour plus d'informations, voir :
http://codex.wordpress.org/Template_Tags/the_excerpt

Lister les catégories

```
<?php wp_list_categories(array(

 'orderby' => 'name',            // Manière d'ordonner la liste
 'order' => 'ASC',               // Ordre croissant ou décroissant ?
 'show_count' => 0,              // Affiche ou non le nombre d'article
contenus
 'title_li' =>__('Catégories'),     // Titre de la liste
 'exclude' => "18,12",              // ID de la ou des catégories à
exclure
 'depth' => 0                   // Niveau de profondeur de l'arborescence
   )); ?>
```

- *Explications* : affiche une liste des catégories de votre site. `wp_list_categories()` accepte plusieurs paramètres qui permettent de contrôler son affichage.
- Cette fonction se place à l'extérieur des boucles.

Note – Si vous voulez connaître l'identifiant d'une catégorie (d'un article ou d'une page), il faut appliquer la valeur par défaut des permaliens. Il suffit de regarder l'URL lorsque vous visitez une catégorie ou un article : vous pourrez y voir une variable du type « cat=1 » ou « p=2 ».

Pour plus d'informations sur les paramètres, voir : http://codex.wordpress.org/Template_Tags/wp_list_categories.

Lister les pages

```
<?php wp_list_pages(array(

  'title_li' =>__('Pages'),                              // Titre de la liste
  'exclude' => "18,12",                    // ID de la ou des pages à exclure
'include' => "9,17",         Inclure seulement ces pages (par leur ID)
  'depth' => 0,                      // Niveau de profondeur de l'arborescence
  'sort_column'  => 'menu_order, post_title', // Comment trier l'affichage
des listes
)); ?>
```

- *Explications* : affiche une liste des pages de votre site. `wp_list_pages()` accepte plusieurs paramètres qui permettent de contrôler son affichage.
- Cette fonction se place à l'extérieur des boucles.
- Une autre fonction, plus récente, permet de faire la même action : `wp_page_menu()`.

Insérer des commentaires

Pour pouvoir insérer des commentaires, nous allons faire appel à un fichier nommé « comments.php ». Cet appel est placé à la fin de la boucle qui affiche le contenu de l'article dans le fichier « single.php » ou « page.php ».

Attention, pour une raison encore inconnue, un problème d'affichage des commentaires peut survenir si le fichier « comments.php » est inclus avec la fonction `get_template_part()`. Il est donc recommandé d'utiliser la fonction `comments_template()` créée spécialement à cet effet.

```
<?php
// Début de la boucle
while ( have_posts() ) : the_post();

// Si les commentaires sont autorisés
if ( comments_open() || get_comments_number() ) {
comments_template();
}
endwhile;
?>
```

7.5 TEMPLATE WORDPRESS : DES FONCTIONNALITÉS UTILES

Afficher la date et l'heure de parution d'un article

```
<?php the_time(); ?> <!-- affiche l'heure au format défini dans le back
office -->

<?php the_date(); ?> <!-- affiche la date l'heure au format défini dans le
back office -->


<p> Publié le : <?php the_time('j F, Y'); ?> </p> <!-- affiche : Publié le 8
Mai, 2010 -->

<p> Publié le : <?php the_date('j F, Y'); ?> </p> <!-- affiche : Publié le 8
Mai, 2010 -->
```

- *Explications* : la fonction `the_date()` affiche la date de publication de l'article courant. La fonction `the_time()`, elle, affiche, sans surprise, l'heure de parution.
- Toutes deux, lorsqu'elles sont utilisées avec les mêmes paramètres, affichent des éléments identiques. En fonction de ces paramètres, on peut « forcer » la manière dont ces éléments vont être affichés.

Vous trouverez plus de paramètres sur la date et l'heure en suivant ce lien : http://codex.wordpress.org/Formatting_Date_and_Time.

Il est préférable d'utiliser la fonction `the_time()` pour forcer l'affichage de la date. Contrairement à `the_date()`, il n'y aura pas de soucis d'affichage si plusieurs articles sont postés le même jour.

N'oubliez pas de régler le format de la date et de l'heure dans les réglages de WordPress (figure 7.17).

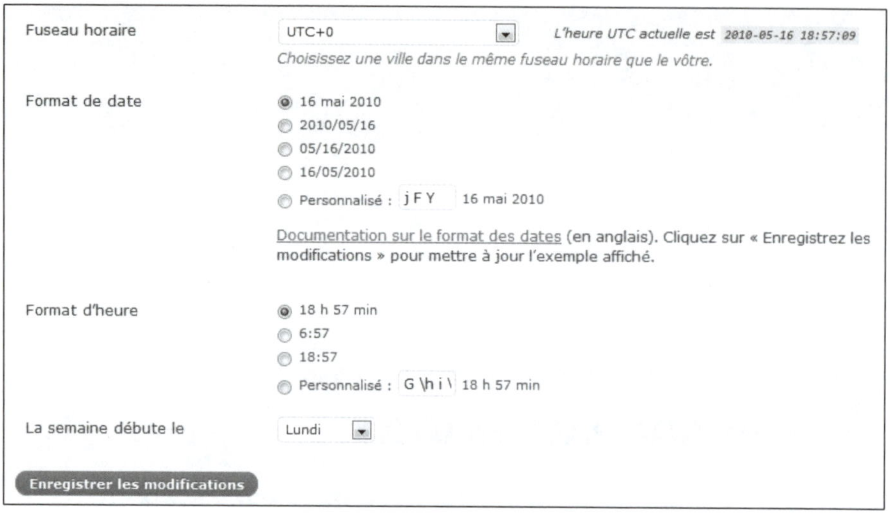

Figure 7.17 — Réglage du format de la date et de l'heure

```
<?php echo get_the_date(); ?> <!-- "fonction de référence" disponible
depuis la Version 3 de WordPress -->
```

Afficher l'auteur d'un article

```
<p> Ecrit par <?php the_author_posts_link(); ?> </p> // affiche le nom de
l'auteur avec un lien

<p> Ecrit par <?php the_author(); ?> </p> // affiche le nom de l'auteur
sans lien
```

- *Explications* : récupère et affiche le nom de l'auteur d'un article. Ce code est à insérer à l'intérieur d'une boucle. La fonction `the_author_posts_link()` permet donc d'afficher le nom de l'auteur pointant vers la page de description de cet auteur. Nous reviendrons ultérieurement sur ce point.

Afficher l'image à la une

WordPress possède une fonction qui permet d'afficher l'image à la une d'une page ou d'un article. Par défaut, en insérant une image dans WordPress, ce dernier crée 4 occurrences : l'originale, la grande, la médium et la miniature. Ces paramètres de taille sont gérables depuis le back-office de WordPress.

La fonction `the_post_thumbnail()`affiche donc cette image à la une mais nous pouvons choisir quelle occurrence elle doit afficher.

Voici un exemple pour afficher une image à la une miniature :

```
<!-- Affichage de l'image à la une (à mettre dans une boucle) -->
<?php the_post_thumbnail('thumbnail')?>
```

Pour plus d'informations sur les paramètres : http://codex.wordpress.org/Function_Reference/the_post_thumbnail

Afficher des news

Pour afficher des news, voici les étapes à suivre :

- créer une catégorie « news » (avec des articles) dans le back-office ;
- créer une boucle personnalisée dans le fichier « sidebar.php » (ou dans un autre fichier) avec `query_posts()` ou `WP_query()` ;
- paramétrer cette boucle de telle sorte qu'elle prenne en compte X articles de la catégorie ayant comme nom « news ».

```
<?php query_posts('category_name=News&posts_per_page=3');?>
       <?php if (have_posts()) : ?>
              <?php while (have_posts()) : the_post(); ?>

       <!-- ...  -->

                <?php
                     global $more;
                     $more = 0;
                ?>
                <p><?php the_excerpt() ?></p>
       <!-- ...  -->

       <?php endwhile; ?>

       <?php else : endif;?>
<?php wp_reset_query();?>
```

Créer un article mis en avant

Un article mis en avant permet de créer une accroche. Le fichier va ainsi être structuré en deux parties (figure 7.18) :

- la boucle principale : elle affiche des articles de manière standard, avec une vignette ;
- la boucle secondaire : elle affiche uniquement le dernier article publié.

Deux boucles seront donc présentes à l'intérieur d'un même fichier.

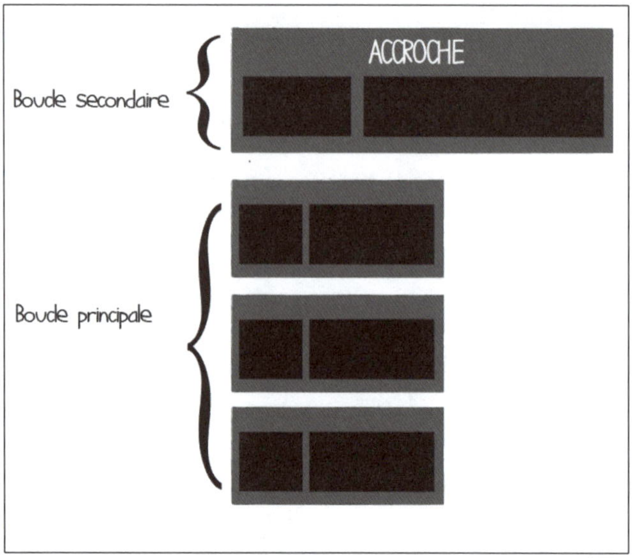

Figure 7.18 — Structure d'une page comportant une accroche

Concrètement, cela donnera :

```
<div id="content">

       <div id="accroche">

              <!-- boucle secondaire -->

       </div> <!--accroche -->


       <div id="articles">

              <!-- boucle principale -->

       </div> <!--articles -->
</div>
```

La boucle secondaire

Avant d'aller plus loin, commençons par schématiser la structure HTML de notre accroche (figure 7.19).

Figure 7.19 – Structure HTML de l'accroche

```
<div id="accroche">

        <?php
                $accroche= new WP_Query();
                $accroche->query(array(
                                'posts_per_page'=>1,    // on récupère que 1
article
                            ));

                while($accroche->have_posts()) : $accroche->the_post();
                        $wp_query->in_the_loop = true;
                        $accroche_ID = $post->ID;
        ?>

        <?php if (get_post_meta($post->ID, 'grande-vignette',true)) { ?>

                <div class="grande-vignette">
                        <img src="<?php echo get_post_meta($post->ID,
'grande-vignette', true); ?>" alt="accroche" />
                </div>

        <?php } ?>

                <div class="extrait">
                        <h2><a href="<?php the_permalink(); ?>" title="<?php
the_title(); ?>"><?php the_title(); ?></a></h2>


                        <?php the_content('Lire la suite'); ?>
                </div>

                <?php endwhile; ?>

</div> <!--accroche -->
```

- *Explications* : le même fichier contenant deux boucles différentes, il est possible, pour la boucle secondaire, d'utiliser au choix `Wp_Query()` ou `query_posts()`. Ici, nous utiliserons `Wp_Query()`.
- L'objet `WP_Query()`, alias `$accroche`, va permettre de personnaliser la boucle secondaire (celle qui va afficher l'accroche). On choisit alors le nombre d'article que nous voulons afficher (un seul). On peut s'arrêter là, mais on peut également préciser la catégorie qui nous intéresse.
- La boucle démarre alors : tant que `$accroche` « contient » des articles (ici il n'y en a qu'un seul), la boucle affiche le code HTML de l'accroche.
- L'identifiant de cet article est alors stocké dans la variable `$accroche_ID`, ce qui a toute son importance pour la suite.
- À l'intérieur de cette boucle, la fonction `get_post_meta()` est utilisée pour récupérer l'image de l'article grâce à un champ personnalisé préalablement créé. Enfin, les template tags basiques sont utilisés pour afficher le titre de l'article, son lien et son extrait.
- L'accroche est alors achevée.

La boucle principale

C'est une boucle standard qui affiche plusieurs articles. Il n'est donc pas nécessaire d'utiliser `query_posts()` ou `WP_Query()`. Un petit détail reste néanmoins à régler : si la boucle de l'accroche et la boucle principale puisent les articles dans la même catégorie, nous risquons de nous retrouver avec un doublon.

L'accroche affiche le premier article. La liste d'articles (générée par la boucle principale) va commencer avec ce même premier article. Il faut donc demander à la boucle principale de ne pas l'afficher.

Une simple condition `if` et une variable `$accroche_ID` feront alors l'affaire :

```
<div id="articles">

        <!-- boucle principale -->

        <?php if ( have_posts() ) :?>

                <?php while ( have_posts() ) : the_post(); ?>

                        <?php if ($post->ID != $accroche_ID) { ?>

                                <!-- si les identifiants sont différents, on
affiche le code interne à la boucle -->

                        <?php } ?>
```

```
                <?php endwhile; else: ?>

                <p>Aucun résultat :(</p>


        <?php endif; ?>
        <!--Fin boucle article-->


</div> <!--articles -->
```

- *Explications* : si l'article courant ne possède pas le même identifiant que l'article () de l'accroche, alors le code qui génère la liste est affiché.
- Cette condition se place donc à l'intérieur de la boucle principale.

Créer un formulaire de recherche

Voici un exemple de code source d'un formulaire de recherche, avec un champ de type « input » et un bouton « submit ». Il suffira de le styler en CSS pour que son esthétique corresponde à vos besoins :

```
<form class="bidule" name="searchform" method="get" action="<?php echo
home_url(); ?>">
        <fieldset>
        <legend>Recherche</legend>

                <label>
                        <input type="text"  name="s" value="#" id="recherche"
/>
                </label>


                <input type="submit" id="votre-id" value="Chercher" />
        </fieldset>

</form>
```

Ce code est communément intégré dans un fichier appelé « searchform.php », puis intégré dans les autres fichiers.

Lorsqu'une requête de recherche sera exécutée à partir de ce formulaire, WordPress va automatiquement reconnaître l'URL (qui prendra alors la forme suivante : http://www.example.com/?s=mot-recherche) et va donc faire appel au fichier « search.php ».

Si search.php n'est pas trouvé, il affichera index.php.

Vous pouvez revoir la section « Hiérarchie des fichiers » du chapitre 6 pour plus de précisions.

Attention – La méthode de passage de paramètres se fait avec « get ». L'action se fait avec l'aide de la fonction `home_url()`. Le `name="s"` est obligatoire.

Partager un article sur les réseaux sociaux

Partager un article sur les réseaux sociaux permet d'augmenter son potentiel de lecteurs. Faciliter sa propagation avec des liens peut donc s'avérer bénéfique.

Insérer un lien « partager sur Facebook »

Pour partager un lien sur Facebook, il suffit d'insérer ce morceau de code dans la boucle qui se situe dans le fichier « single.php ». Libre à vous de mettre une image ou de laisser ce lien sous forme textuelle :

```
<a href="https://www.facebook.com/sharer.php?u=<?php the_permalink();
?>&t=<?php the_title(); ?>" title="Partager sur facebook"
target="blank">Partager sur Facebook</a>
```

Pour plus d'infos sur Facebook : https://developers.facebook.com/docs/plugins

Insérer un lien « partager sur Twitter »

Pour partager un lien sur Twitter, insérez ce morceau de code dans la boucle située elle aussi dans le fichier « single.php » :

```
<a href="https://twitter.com/intent/tweet?text= A voir : <?php
the_permalink(); ?>" title="Partager sur Twitter !"
target="_blank">Partager sur Twitter !</a>
```

Pour plus d'infos sur Twitter :

https://dev.twitter.com/web/tweet-button

Quelques plugins disponibles sur le site de WordPress vous permettront également d'ajouter de nombreux autres liens vers les réseaux sociaux :

- Add this :
  http://wordpress.org/plugins/addthis/.
- Shareaholic :
  http://wordpress.org/plugins/shareaholic/

Navigation interne : suivant et précédent

```
        <?php next_posts_link() ?> <!-- affiche un lien pour les articles
suivants -->

        <?php previous_posts_link() ?> <!-- affiche un lien pour les
articles précédents -->
```

- *Explications* : affiche un lien qui permet d'accéder aux articles suivants ou précédents. Ces fonctions sont placées avant ou après une boucle.
- Ces liens sont automatiquement masqués lorsqu'il n'y a plus d'articles à afficher.
- Il est possible de formater leur affichage :

```
<?php next_posts_link('Articles suivants') ?> <!-- affiche un lien "
Articles suivants " -->

<?php next_posts_link('<img src="chemin-image.jpg"/>') ?> <!-- affiche une
image comme lien -->
```

Rappel – Pour choisir le nombre d'articles qui s'affichent sur une page, il faut se rendre dans les options de lecture du back-office.

Pour plus d'informations, voir :
http://codex.wordpress.org/Template_Tags/next_post_link et
http://codex.wordpress.org/Template_Tags/previous_post_link.

Récupérer le nom ou la description d'une catégorie

```
// Récupère et affiche la description de la catégorie courante

<?php
$category = get_the_category();
echo $category[0]->category_description;
?>


// Récupère et affiche le nom de la catégorie courante

<?php
$category = get_the_category();
echo $category[0]->cat_name;
?>
```

Pour plus d'informations, voir : http://codex.wordpress.org/Function_Reference/get_the_category.

Créer une page 404 personnalisée

Pour créer une page 404 personnalisée, il est nécessaire de créer un fichier que l'on nommera : « 404.php ». C'est ce fichier que WordPress ira chercher dans le thème s'il ne trouve aucun résultat. Souvenez-vous que, par défaut, il affichera le fichier « index.php ».

Ici, il n'est pas nécessaire d'utiliser une boucle. En effet, il n'y a aucun article ou contenu à chercher. Aussi, un simple code HTML avec des template tags fera très bien l'affaire.

```
<?php get_header();?>

...

     <div id="content">

        <!-- On affiche le contenu de cette page 404 -->
        <p> Erreur 404 </p>

     </div><!--content-->

 ...

<?php get_footer(); ?>
```

- *Explications* : les fichiers « header.php » et « footer.php » sont appelés grâce aux template tags `get_header()` et `get_footer()`.
- Notons que la fonction `get_template_part()` aurait également pu être utilisée.
- Il suffit ensuite d'afficher le contenu de son choix. Certaines pages 404 sont très graphiques, d'autres le sont moins mais ont plus de fonctionnalités (moteur de recherche intégré, archives, plan du site, etc.).

Pour de plus amples informations, voir : http://codex.wordpress.org/Creating_an_Error_404_Page.

Ajouter les classes CSS WordPress

Chaque article, chaque page, chaque élément géré par WordPress, possède des identifiants et des classes CSS uniques et généralistes. C'est très utile lorsque l'on veut cibler un ou plusieurs éléments.

C'est la fonction `post_class()`qui va générer l'ensemble des classes CSS de l'article ou de la page affichée. On peut y également ajouter nos propres classe en paramètre de cette fonction.

<div id="post-<?php the_ID(); ?>" <?php post_class('ma-classe'); ?»

va afficher par exemple :

```
<div id="post-4564" class="post post-4564 category-48 category-dancing
logged-in ma-classe">
```

Pour de plus amples informations, voir aussi la fonction :

https://codex.wordpress.org/Function_Reference/post_class

https://codex.wordpress.org/Function_Reference/body_class

Changer l'arrière-plan du site depuis le back office

Cette fonction s'insère dans le fichier functions.php de votre thème pour activer cette fonctionnalité dans le backoffice. Il faut noter que l'image choisie dans le back office sera intégrée en CSS directement sur la balise HTML <body>. Pensez-y lors de votre intégration HTML/CSS !

```
        add_custom_background();
```

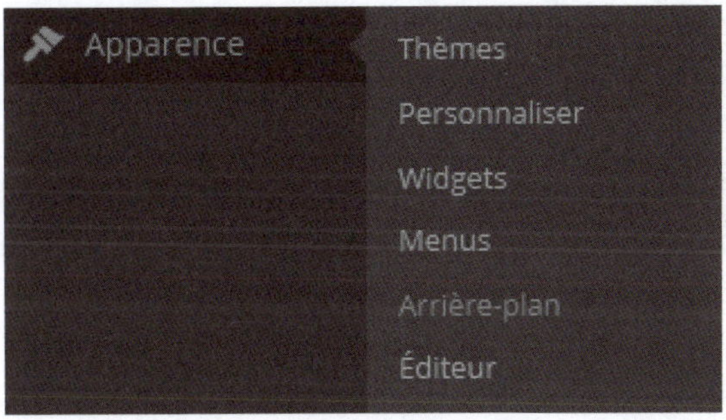

Figure 7.20 — Résultat de la fonction : ajout d'une option dans le signet Apparence

Pour que cela fonctionne dans notre thème, il faut ajouter la fonction `body_class()` dans notre balise HTMl « body ».

```
<body <?php body_class() ?>>
```

Cette fonction `body_class()` ajoute des classes CSS spécifiques à WordPress, ce qui permet de changer le fond de notre thème depuis l'espace d'administration de WordPress.

Bien entendu, si vous ne voulez pas que le fond de votre thème soit personnalisable, via l'espace d'administration, il suffit de supprimer cette fonction du fichier « functions.php ».

7.6 DES PLUGINS TRÈS PRATIQUES

L'effet lightbox

L'effet lightbox permet notamment d'agrandir une image à l'intérieur d'une boîte modale en utilisant une transition esthétique (figure 7.21). Le langage utilisé est JavaScript.

Figure 7.21 – Exemple d'un effet lightbox

Pour réaliser cet effet, il suffit d'utiliser le plugin « jQuery Colorbox ». Voici la marche à suivre :

1. Téléchargez le plugin à cette adresse : http://wordpress.org/plugins/jquery-colorbox/
2. Installez le plugin et activez-le.
3. Insérez une image dans un article ou une page.
4. Vérifiez que le lien de l'image réduite pointe bien vers l'image elle-même (figure 7.22).
5. C'est terminé. Votre Effet Lightbox est en place et désormais parfaitement fonctionnel.

Ainsi, dès que vous cliquerez sur une image, un voile assombrira le site et affichera le lien (une image plus grande) dans une fenêtre modale.

Figure 7.22 – Vérification du lien vers l'image originale

Vous remarquerez qu'une nouvelle rubrique intitulée jQuery Colorbox a fait son apparition dans les signets « Réglages ». Vous pouvez à cet endroit choisir la couleur du voile (par défaut c'est le noir). Pour permettre au plugin d'insérer automatiquement le lien HTML permettant son utilisation, gardez la case cochée.

Pagination numérotée

Comme nous l'avons vu précédemment, WordPress propose des fonctionnalités qui permettent de naviguer à l'intérieur des pages. Néanmoins, ces fonctionnalités se résument à de simples liens « Suivant » ou « Précédent », ce qui se révèle peu pratique lorsque l'on est amené à naviguer dans des dizaines de pages...

Nous allons utiliser ici le plugin « WP-PageNavi » qui permettra d'optimiser cette navigation interne grâce à la pagination.

Voici comment procéder :

1. Téléchargez le plugin à cette adresse : http://wordpress.org/extend/plugins/wp-pagenavi/.
2. Installez le plugin et activez-le.
3. Insérez le code suivant dans un fichier de votre thème (par exemple « category.php ») :

```
<?php wp_pagenavi(); ?>
```

4. N'oubliez pas de supprimer les anciennes lignes de code :

```
        <?php next_posts_link() ?> <!-- affiche un lien pour les articles
suivants -->

        <?php previous_posts_link() ?> <!-- affiche un lien pour les
articles précédents -->
```

5. C'est terminé ! Votre plugin est désormais fonctionnel.

Rendez-vous dans les réglages de ce plugin (Réglages > PageNavi) pour formater correctement l'affichage en français. Il est également possible d'utiliser une feuille de style dédiée à l'affichage de cette pagination.

Rappel – Pour choisir le nombre d'articles qui s'affichent sur une page, il faut se rendre dans les options de lecture du back-office.

Insérer un fil d'Ariane (*breadcrumbs*)

Par défaut, WordPress ne propose pas de fonction pour gérer un fil d'Ariane. Pourtant, lorsqu'un site est volumineux et contient plusieurs niveaux de profondeurs, cet élément peut devenir très vite indispensable.

Voici à quoi peu ressembler un fil d'Ariane : « Vous êtes ici : Accueil > catégorie > article ».

Comme souvent, il existe de nombreux plugins proposant cette fonctionnalité, mais tous ne sont pas de qualité égale. Néanmoins, deux se distinguent plus particulièrement, il s'agit de Breadcrumb NavXT et de Yoast Breadcrumbs.

Breadcrumb NavXT

- Première étape, téléchargez Breadcrumb NavXT à l'adresse suivante : http://wordpress.org/extend/plugins/breadcrumb-navxt/.
- Après installation et activation, insérez le morceau de code suivant dans le fichier « header.php » :

```
<div class="fil-ariane">

        <?php
                if(function_exists('bcn_display')){
                        bcn_display();
                }
        ?>
</div>
```

Créer et afficher un formulaire de contact

Vous trouverez de nombreux plugins qui permettent de créer des formulaires dans WordPress. Leur fonctionnement est similaire : une interface permet de créer un formulaire avec ses différents champs, puis un « shortcode » est généré. Ce dernier est directement insérable dans une page ou un article ou dans notre thème grâce à la fonction do_shortcode() de WordPress.

Voici une liste de plugin non exhaustive : cformsII, Form Manager, Contact form 7.

Gérer une ou plusieurs Google Maps

Difficile de se passer d'une carte Google Maps sur la majorité des sites. Les plugins existant fonctionnent de la même manière que précédemment : une interface de création puis un shortcode nous sont fournis. Il est alors très simple de modifier le type de carte (plan, photo, reflief), le niveau de zoom, les infos-bulles, les pins, etc.

Voici une liste non exhaustive de plugins : Maps Builder, WP Google Maps...

Rendre un site privé

Pour plusieurs raisons, il est bon de savoir comment rendre un site privé (maintenance, en construction, extranet...) avec le plugin My Private Site (entre autres) en un coup de souris, votre site est sécurisé : vous devez vous authentifier pour y accéder.

Lien du plugin : https://fr.wordpress.org/plugins/jonradio-private-site/

7.7 CRÉATION D'UNE OU DE PLUSIEURS ZONES DE MENUS

Introduction

Il est possible d'afficher (et de gérer par l'intermédiaire du back-office) plusieurs menus très facilement. Le nombre de menus disponibles dans un thème est spécifié dans le fichier « functions.php ».

Il y a donc deux étapes :

- Création de la (ou des) zone dans le fichier functions.php ;
- Mise en place de la zone à l'endroit souhaité dans notre thème.

Le fichier functions.php

Nous allons créer une zone de menu que nous allons appelée « Zone principale ».

```
register_nav_menus( array(
'Zone Principale'   => __( 'Navigation Principale'),
) );
```

- *Explications* : Une zone « Navigation Principale » apparaît maintenant dans le back-office de WordPress.
- Si aucun menu personnalisé n'est affecté à un emplacement, la fonction `wp_nav_menu()` se transforme en `wp_page_menu()` qui liste uniquement les pages.
- *Avantages* : rapide, efficace et flexible. L'utilisateur peut changer comme il l'entend l'intitulé de ses menus dans l'espace d'administration. Il peut choisir l'emplacement de chacun !

Pour plus d'informations, voir : http://codex.wordpress.org/Function_Reference/wp_nav_menu.

Insertion dans le thème

Il ne reste plus qu'à mettre dans le thème cette fameuse zone. Dans notre cas ce sera dans le header.php à l'endroit de la navigation.

```
<?php wp_nav_menu( array('theme_location' => 'Zone Principale',) ); ?>
```

Par défaut, cette fonction affiche une div qui contient une liste ul et li. Mais il est tout à fait possible de formater la façon dont on veut que WordPress code notre menu. La liste des paramètres est disponible ici : http://codex.wordpress.org/Function_Reference/wp_nav_menu

Reconnaître la rubrique courante

Pouvoir reconnaître la rubrique dans laquelle un internaute navigue est un « plus » dans l'ergonomie d'un site. L'exemple le plus commun est le changement d'apparence de la rubrique du menu dans laquelle on se trouve.

WordPress l'a bien compris en ajoutant automatiquement des classes CSS dédiées à l'élément courant :

```
.current-menu-item {
// permet de styler l'élément courant du menu de navigation
}

. current-cat {
// permet de styler l'élément courant d'une liste de catégories
}
```

```
. current_page_item {
// permet de styler l'élément courant d'une liste de page
}
```

N'hésitez pas à utiliser l'outil Firebug de Firefox afin de pouvoir rapidement déterminer quelle classe CSS doit être utilisée.

7.8 CRÉATION D'UNE ZONE DE WIDGET

Introduction

Il est possible d'afficher (et de gérer par l'intermédiaire du back-office) plusieurs zones de Widget. Voici comment en créer une :

Il y a donc deux étapes :

- Création de la (ou des) zone(s) dans le fichier functions.php
- Mise en place de la zone à l'endroit souhaité dans notre thème.

Le fichier functions.php

Nous allons créer une zone de Widget que nous allons appeler « Zone principale ».

```
register_sidebar( array(
'name'          => __( 'Zone Sidebar'),
'id'            => 'zone1',
'description'   => __( 'Zone de Widget dans sidebar'),
) );
```

- *Explications* : une zone de widget « Zone Sidebar » apparaît maintenant dans le back-office de WordPress.
- *Remarques* : nous pouvons choisir les balises html qui entourent le titre du widget ainsi que le widget tout entier. Très pratique pour l'adapter à une intégration HTML/CSS spécifique. Pour plus d'informations, voir : http://codex.wordpress.org/Function_Reference/register_sidebar

Insertion dans le thème

Il ne reste plus qu'à mettre dans le thème cette fameuse zone. Dans notre cas ce sera dans le header.php à l'endroit de la navigation.

```
<?php wp_nav_menu( array('theme_location' => 'Zone Principale',) ); ?>
```

Par défaut, cette fonction affiche une div qui contient une liste ul et li. Mais il est tout à fait possible de formater la façon dont on veut que WordPress code notre menu. La liste des paramètres est disponible ici : http://codex.wordpress.org/Function_Reference/wp_nav_menu

Pour plus de détails sur les widgets, voir : http://codex.wordpress.org/Widgetizing_Themes.

7.9 CRÉATION D'UN MODÈLE DE PAGE

Introduction

Un modèle de page permet de personnaliser l'affichage d'une (ou plusieurs) page(s) précises. C'est un template spécifique qui va s'appliquer à cette ou ces page(s).

Création du fichier php

Pour créer un modèle de page, c'est très simple : créez d'abord un nouveau fichier PHP dans votre thème (sans prendre un nom réservé par WordPress) puis, donnez-lui un nom. Enfin, insérez tout au début de ce fichier le code suivant (sans espace libre) :

```
<?php /* Template Name: nom du modèle de page */ ?>
```

Le modèle de page sera ensuite disponible dans la liste des modèles, dans l'interface de publication d'une page.

Personnaliser la homepage avec un modèle de page

Prenons un cas concret : vous souhaiteriez pouvoir disposer d'une page d'accueil totalement différente du reste du site. Pour ce faire, il faut créer un modèle de page « Accueil » que vous allez appliquer à une page de WordPress, en suivant les étapes décrites ci-après :

- Dans l'espace d'administration, créez une page « Accueil ».
- Dans les réglages de WordPress, choisissez cette page statique comme page d'accueil.
- Créez ensuite un fichier PHP, par exemple « accueil.php ».
- Insérez tout au début de ce fichier (sans espace libre) la ligne suivante :

```
<?php /* Template Name: Accueil */ ?>
```

- Après sauvegarde du fichier, rendez-vous dans l'espace d'administration pour modifier la page « Accueil ».
- Enfin, choisissez le modèle de page « Accueil ».

Vous pouvez dès à présent éditer ce fichier « accueil.php » comme bon vous semble. Bien entendu, n'oubliez pas d'insérer une boucle standard permettant d'afficher le contenu de la page.

Créer un modèle de page avec une boucle personnalisée

Comme son nom l'indique, un modèle de page s'applique à une page. Or nous savons maintenant que WordPress affiche plusieurs résultats différents avec la même boucle, en fonction du type de fichier (page, article, catégorie...).

Pour mémoire, une même boucle de base n'affichera pas le même résultat selon qu'elle est appelée par le fichier « category.php » ou par le fichier « page.php » : le fichier « category.php » va en effet afficher plusieurs articles, alors que le fichier « page.php » n'affichera que le contenu de la page (cf. hiérarchie de fichiers de WordPress).

Dès lors, comment procéder pour afficher plusieurs articles d'une catégorie dans une page, étant donné qu'une boucle standard n'affiche que le contenu de la page ?

La solution est en fait très simple : il suffit de personnaliser cette boucle en utilisant `WP_Query()` ou `query_posts()`, en indiquant les bons paramètres :

```
<?php query_posts('category_name=nom-categorie);?>

        <!-- Boucle -->
        <?php if ( have_posts() ) :?>

                <?php while ( have_posts() ) : the_post(); ?>

                        <!-- contenu de la boucle -->


                <?php endwhile; else: ?>

                        <!--Si la boucle n'affiche rien -->

        <?php endif; ?>
        <!-- Fin boucle -->
```

Ainsi, grâce à `query_posts()`, il est possible d'afficher ce que l'on souhaite dans toutes les pages, en forçant WordPress à ne pas afficher la boucle comme une « boucle de page ».

Si vous souhaitez utiliser un lien « Lire la suite » dans une « page », il suffit pour cela d'ajouter ce morceau de code :

```
<?php
        global $more;
        $more = 0;
?>

<?php the_content('Lire la suite'); ?>
```

En effet, puisque WordPress affiche une page (souvenez-vous de la hiérarchie des fichiers), il va afficher tout le contenu de cette page : il faut donc lui forcer la main.

7.10 CRÉATION D'ARTICLES PERSONNALISÉS (CUSTOM POST TYPE)

Introduction

WordPress dispose par défaut d'un flux d'articles et d'un flux de page. Les articles personnalisés (custom post type) sont un flux supplémentaire et totalement indépendant des autres flux.

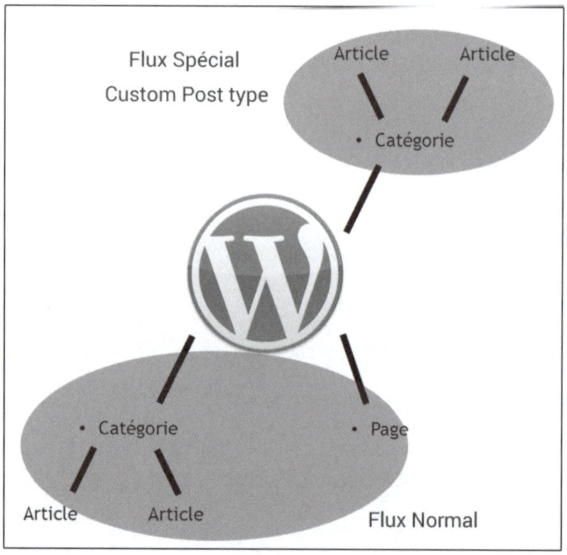

Figure 7.23 – Flux de WordPress

Il y a donc deux étapes :

- Création du flux dans functions.php,
- Affichage de ce flux dans notre thème.

Le fichier functions.php

Nous allons créer un Flux « Livres » dans notre fichier functions.php :

```
// creation des custom post type livres
register_post_type('livres', array(
'label' => 'Livres',
'public' => true,
'show_ui' => true,
'capability_type' => 'post',
'hierarchical' => false,
'rewrite' => array('slug' => 'livres'),
'query_var' => true,
'supports' => array('title',
'editor',
'excerpt',
'trackbacks',
'custom-fields',
'comments',
'revisions',
'thumbnail',
'author',
'page-attributes',)) );
```

Explications : On crée un label, des identifiants, puis on construit son interface d'administration : la même que pour un article ou une page. https://codex.wordpress.org/Function_Reference/register_post_type

La figure 7.24 montre ce qui apparaît dans le back-office de WordPress.

Ajouter une taxonomie

Une taxonomie permet de classer une information. C'est tout simplement une catégorie ou des tags. Ajoutons une catégorie à nos customs post type.

```
register_taxonomy( 'categorie_projet', 'livres', array( 'hierarchical' =>
true, 'label' => 'Catégorie', 'query_var' => true, 'rewrite' => true ) );
```

On ajoute l'identifiant de notre flux (« livres »), on assigne « true » à hierarchical et on met un label qui sera le texte affiché dans le back-office (ici « Catégorie »). Voici le résultat.

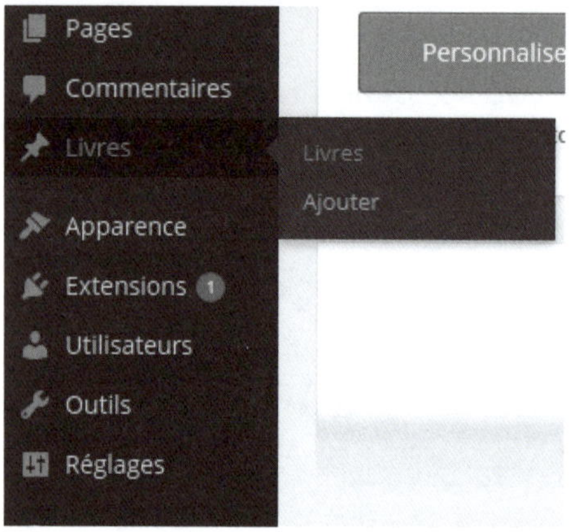

Figure 7.24 – Custom Post Type « Livres »

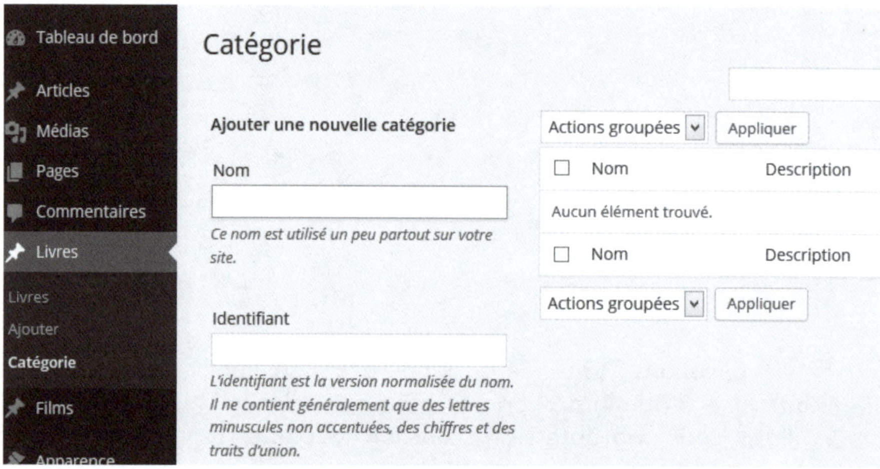

Figure 7.25 – Taxonomie (catégories) de « Livres »

Modifier l'icône dans le back-office

Les *custom post types* de WordPress peuvent facilement être personnalisés en ajoutant une icône correspondant au contenu. Rendez-vous dans le fichier functions.php, plus précisément dans notre fonction de création de custom post type de « Livres ».

Puis nous ajoutons cette ligne :

```
'menu_icon' => get_bloginfo('template_directory') . '/images/mon-image.png',
// URL de l'image
```

Affichage dans le thème

Une boucle standard n'affiche que les flux normaux (pages + articles). Or, nous venons de créer un flux supplémentaire. Nous disposons de deux solutions pour afficher ces articles.

Création d'un modèle de page qui va contenir une boucle personnalisée (query_post()) affichant ce flux précis.
query_posts('post_type=livres');
Ou alors directement dans le menu, grâce à notre taxonomie, il est possible d'afficher directement une rubrique qui pointe vers celle-ci.

Des plugins

Des plugins existent pour créer à la volée des *custom post types*, ce qui nous évite de tout faire à la main. Voici les plus connus : Custom Post Type UI et Types.

7.11 CHAMPS PERSONNALISÉS (CUSTOM FIELDS)

Présentation

Les champs personnalisés permettent d'ajouter, à travers l'interface d'administration, une ou plusieurs données que vous allez pouvoir utiliser dans les thèmes.

Ces informations « bonus », insérées par l'auteur lui-même, vont accompagner un article ou une page. Elles pourront servir dans l'élaboration d'un thème WordPress.

Prenons un cas concret : lier une vignette à un article.

Pour afficher une vignette, il faut bien entendu l'avoir uploadé dans WordPress. Lorsque cette étape est achevée, veillez à bien noter son URL qui doit être de type :
http://www.mon-site.com/wp-content/uploads/vignette.jpg.

Création depuis le back-office

Dans la partie administration, rendez-vous dans l'interface de publication d'un article (ou d'une page).

En scrollant vers le bas, arrêtez-vous au signet « Champs personnalisés ». Puis, renseignez les deux champs (figure 7.26).

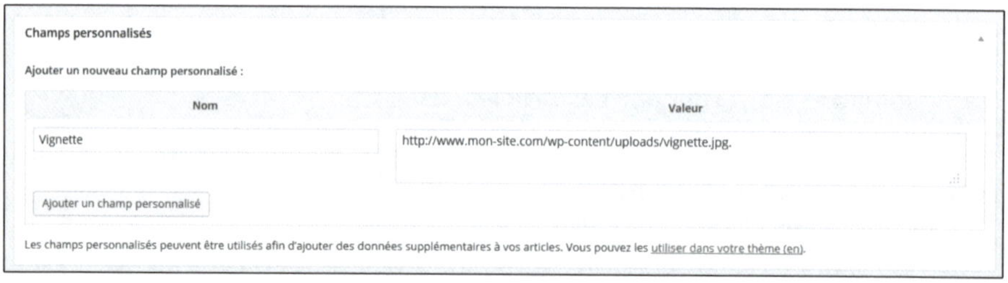

Figure 7.26 — Champs personnalisés

Le champ « Nom » va servir d'identifiant dans vos templates. Appelez-le par exemple « vignette », puis insérez l'URL de la vignette dans le champ « Valeur ».

Il suffit ensuite de cliquer sur les boutons « Ajouter un champ personnalisé » et « Mettre à jour ».

Affichage dans le thème

Le champ personnalisé étant en place, il faut maintenant récupérer son nom ainsi que sa valeur. Celle-ci sera utilisée pour afficher la vignette. WordPress dispose d'une fonction spécialement conçue à cet effet : `get_post_meta ()`.

```
<?php echo get_post_meta($post->ID, 'nom-du-champ', true); ?>  // affiche
la valeur du champ personnalisé
```

Cette fonction comprend trois paramètres :

- l'ID de l'article (ou de la page) pour spécifier l'endroit où se trouvent ces champs personnalisés ;
- le nom du champ personnalisé, de manière à indiquer à WordPress quel(s) champ(s) il doit chercher ;
- un booléen : « vrai » si on ne souhaite qu'un seul résultat et « faux » pour obtenir un tableau de résultats.

Dans l'exemple de la vignette, l'URL va être affichée dans une balise image.

```
<img class="vignette" src="<?php echo get_post_meta($post->ID, 'vignette',
true); ?>" alt="vignette"/>
```

Remarque – Cette fonction est utilisée à l'intérieur d'une boucle. Libre à vous de créer une variable qui stockerait l'information pour l'afficher ailleurs.

Création de Meta boxes avec le plugin ACF

Une « meta boxe » est une boîte qui se trouve dans l'interface d'édition d'un article ou d'une page (l'extrait, l'image à la une, etc.). Il est possible de créer facilement nos propres Meta boxes en se basant sur les champs personnalisés, grâce au plugin Advanced Custom Fields.

http://wordpress.org/plugins/advanced-custom-fields/

Voici la marche à suivre :

- Installation et activation du plugin
  Dans la rubrique ACF, cliquer sur « ajouter ».
- Une grande page apparaît avec des champs à remplir. Laissez vous guider pour la suite.
- Il est possible d'assigner un groupe de champs à un modèle de page précis ou à un custom post type. C'est très pratique !
- Rendez-vous dans une page pour tester que les meta boxes sont bien présentes.
- C'est terminé !

Récupération et affichage dans le thème

En lisant la documentation du plugin (claire et bien faite), voici la fonction à mettre dans notre thème à l'extérieur ou l'intérieur d'une boucle.

```
<?php the_field('document_pdf'); ?>
```

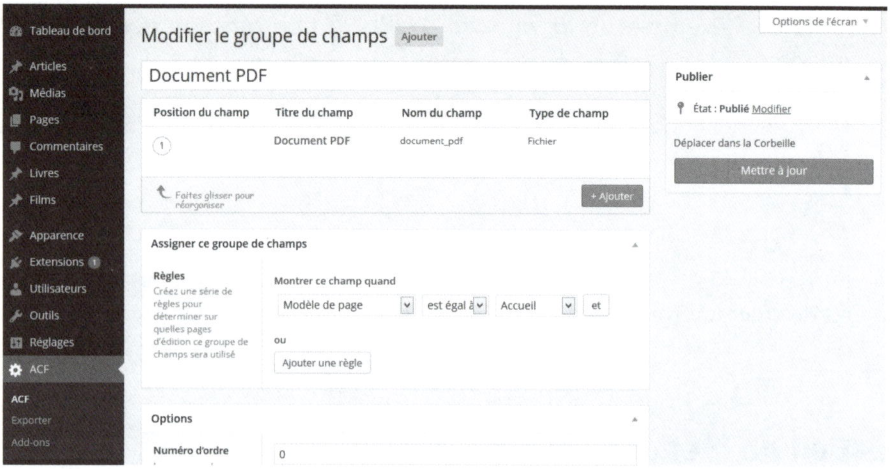

Figure 7.27 — Création d'une Meta Boxe PDF

Figure 7.28 — Résultat de la Meta Boxe PDF

7.12 POUR ALLER PLUS LOIN

Créer ses propres Shortcodes

Un *shortcode* est un morceau de code entre crochets que vous pouvez littéralement insérer dans vos articles, vos pages ou alors directement dans vos fichiers de thèmes.

Grâce aux Shortcodes, il est possible de créer des boutons, des boîtes flottantes et la gestion de plusieurs colonnes dans le contenu (tel un framework), tout ça, sans avoir besoin d'écrire une seule ligne de code : un luxe pour vos utilisateurs !

Voici une liste non exhaustive : Shortcodes Ultimate, Jshortcode, All-In-One Shortcodes...

Ajouter des fonctionnalités natives à votre thème

Comme nous l'avons vu précédemment, un thème WordPress peut contenir un fichier nommé « functions.php ». Ce fichier contient, comme son nom l'indique, des fonctions qui vont permettre d'ajouter des fonctionnalités à votre thème.

C'est par exemple ce fichier qui contient la fonction permettant de gérer l'image de fond depuis le back-office.

Mais rien ne vous empêche d'ajouter et de créer vos propres fonctions !

« functions.php » permet d'ajouter des fonctions natives à votre thème. Celles-ci vont faire la même chose que des plugins, mais sans les plugins. C'est une excellente façon d'ajouter des fonctionnalités à un seul et même thème, ce que ne permettent pas les plugins qui, eux, sont activés pour l'ensemble du site (pas de différence entre les thèmes) et qui nécessitent une action de la part de l'utilisateur (installation et activation).

Comment transférer/intégrer la fonction d'un plugin nativement dans un thème ?

Sans surprise, il suffit de transférer (copier/coller) le code source du plugin à l'intérieur même du fichier « functions.php ». Pour certains plugins, quelques aménagements seront sans doute nécessaires pour que tout fonctionne correctement.

De cette façon, dès lors que le thème est activé, les fonctions inhérentes à un plugin seront automatiquement mises en place. D'où les éventuelles apparitions de menus persistants supplémentaires dans la sidebar latérale d'administration, lors de l'activation d'un thème !

Mais attention, dans ce cas, il n'y aura pas de mises à jour automatiques. Il faudra donc veiller à ce que la dernière version de ce plugin soit bien disponible. Si c'est le cas, une mise à jour manuelle du fichier « functions.php » s'imposera.

Quelques pistes pour ajouter des options à votre thème

Nous n'allons pas entrer dans les détails de ces différentes méthodes, car celles-ci requièrent des notions un peu plus poussées que d'ordinaire en programmation et en algorithmique. Néanmoins, un petit tour d'horizon des différentes méthodes permettra de vous lancer lorsque vous serez prêts.

Modifier le fichier « functions.php » en y ajoutant des fonctions et ses variables de thèmes

Vous pouvez modifier le fichier par copier/coller de plugins existants, ou en créer vous-même de toutes pièces.

Nous vous conseillons pour cela de consulter quelques ressources intéressantes :

http://wpshout.com/create-an-advanced-options-page-in-wordpress/.

Créer sa propre librairie

Il s'agit là d'une variante de la première méthode. Le fichier « functions.php » est beaucoup plus lisible, car il fait appel à des fichiers PHP externes.

Concrètement, voici ce que cela peut donner dans le fichier « functions.php » :

```
// On définit la variable ''THEMELIB'' qui va contenir le chemin de la
librairie
define('THEMELIB', TEMPLATEPATH . '/library');

// Puis on fait appel à un fichier PHP externe
require_once(THEMELIB . '/fichier-de-la-librairie.php');
```

Le thème « Thematic » utilise cette méthode. Nous vous conseillons de « disséquer » son fichier « functions.php » et son dossier « library » pour bien comprendre son fonctionnement.

Pour plus d'informations, voir : http://wordpress.org/extend/themes/thematic.

Utilisation du plugin Option Tree

Utilisé sur de nombreux templates premium, ce plugin permet de créer rapidement son interface d'administration.

Pour plus d'informations, voir : https://wordpress.org/plugins/option-tree/

Thème enfant

Il s'agit d'une fonctionnalité qui peu s'avérer intéressante, en fonction de vos besoins. En effet, WordPress permet de créer un thème enfant (*child theme*).

L'idée est de partir d'un thème existant (qui jouera le rôle de parent) pour créer un autre thème basé sur celui-ci (qui, lui, jouera le rôle d'enfant). Ces deux dossiers entretiennent donc une très forte relation : le thème enfant étant basé sur le thème parent, le moindre changement graphique de celui-ci se répercutera sur le premier.

La création d'un thème enfant est très simple. Il suffit pour cela de créer tout d'abord un nouveau dossier portant le nom de votre thème enfant dans

« wp-content/themes », puis de créer à l'intérieur de ce thème enfant un fichier « style.css » (comme vous le feriez pour créer un thème « normal »). C'est ce dernier fichier qui va appeler le thème parent.

Voici le code à insérer au début du fichier « style.css » :

```
/*
Theme Name: Le theme enfant
Theme URI: http://mon-site.com
Description: Theme enfant d'un autre theme
Author: Brin de web
Author URI: http://www.brindeweb.com
Template: Nom-dossier-du-theme-parent
Version: 1.0
*/

@import url("../Nom-dossier-du-theme-parent/style.css");
```

La ligne la plus importante est « Template: Nom-dossier-du-theme-parent ». C'est en effet celle qui spécifie le nom du dossier du thème parent.

Une ligne plus commune – mais optionnelle – est la ligne de récupération de la feuille de style du thème parent. À partir de maintenant, tout ce que vous allez ajouter à la suite de ce fichier, « écrasera » les instructions CSS du thème parent.

Il est à noter que certains posent la question de l'intérêt de cette fonctionnalité. En effet, si l'on souhaite créer un nouveau thème différent, il suffit de dupliquer le thème qui nous intéresse, puis de le modifier (comme nous l'avons déjà vu dans ce livre). Non ? Et bien c'est une remarque qui fait débat... C'est uniquement une histoire de goût. Certains trouvent cette fonctionnalité inutile, d'autres la trouvent géniale.

Les marqueurs conditionnels (*conditional tags*)

Le codex WordPress définit ainsi les marqueurs conditionnels :

- « Les marqueurs conditionnels peuvent être utilisés dans vos thèmes pour décider du contenu à afficher sur une page spécifique ou comment ce contenu doit être affiché en fonction de conditions que remplit cette page. Par exemple, si vous voulez insérer un texte particulier au-dessus d'une série d'articles, mais seulement sur la page principale de votre blog, avec le marqueur conditionnel `is_home()`, cela devient facile.
- Ces marqueurs sont en relation étroite avec la hiérarchie des modèles de WordPress. »

Pour plus d'informations, voir :
http://codex.wordpress.org/fr:Marqueurs_conditionnels.

Les marqueurs conditionnels permettent d'avoir un contrôle encore plus poussé sur votre template. Par exemple, grâce à ces marqueurs, il est possible de définir que telle partie du template est visible uniquement à un endroit précis où navigue l'utilisateur (comme la page d'accueil). Ces marqueurs sont donc étroitement liés au modèle de hiérarchie de WordPress.

Prenons des exemples :

```
<?php if (is_home()) { ?>
<p>Ce message ne s'affichera que sur la page d'accueil</p>
<?php } ?>
```

```
<?php if (is_category()) { ?>
<p>Ce message ne s'affichera que dans une catégorie</p>
<?php } ?>
```

```
<?php if (is_404()) { ?>
<p>Ce message ne s'affichera que si c'est une page 404</p>
<?php } ?>
```

De nombreuses possibilités s'offrent à vous : soyez créatif ! N'hésitez pas à faire le tour des marqueurs disponibles.

Retour sur ce que vous venez d'apprendre

Cette partie est maintenant terminée. Elle regroupe les principaux usages de WordPress dans le monde du Web. Comme vous le savez, il est impossible de tout regrouper dans un seul livre, car les possibilités qu'offre un tel programme sont pratiquement infinies et seraient donc difficiles à résumer.

Retenez cependant que la plupart des codes que nous avons utilisés sont basés sur les boucles et leur personnalisation. Pour personnaliser une boucle, on utilise `WP_Query()` ou `query_posts()`. Ces deux fonctions possèdent les mêmes paramètres.

Vos seules limites sont vos aptitudes en programmation PHP, SQL, HTML, CSS, JS et algorithmique ! Si c'est le cas, un plugin existe sûrement !

8

Un tutoriel pratique : réaliser le template AlsaWP

8.1 FEUILLE DE ROUTE

Voici une mise en situation concrète : la création du template AlsaWP.

Les fichiers sources (PSD, Intégration statique et template) sont disponibles sur la page dédiée à l'ouvrage sur www.dunod.com. N'hésitez surtout pas à les regarder pour analyser le code source. Pour mémoire, toutes les étapes ont déjà été abordées dans les parties précédentes de cet ouvrage.

Cette méthode, utilisée par la majorité des professionnels, est utilisable pour n'importe quel autre projet de ce type. Voici les trois étapes à suivre :

1. **Création de la maquette : le fichier PSD**
   Dans un premier temps, il s'agit de créer le design du site grâce à des logiciels de graphismes tels que Photoshop. Respectez les standards du webdesign (dimension, légèreté, facilité d'intégration, etc.), puis laissez parler votre imagination !
   En fonction de l'importance du projet, on crée au minimum une page d'accueil et une page interne de contenu.

2. **Intégration statique HTML/CSS : « PSD to HTML »**
   Notre maquette terminée, nous allons la transformer en page HTML. Nous découpons la maquette, de façon à pouvoir disposer des différentes images (fond, header, footer, vignettes), puis nous les utilisons pour l'intégration HTML/CSS de la page d'accueil et de la page interne.
3. **Finalisation du template : « HTML to WordPress »**
   Dernière étape : il s'agit maintenant de transformer nos pages HTML statiques en template WordPress, pour les rendre dynamiques. Cette étape se résume à insérer des fonctions PHP WordPress (boucle et template tags) et à la découpe en plusieurs fichiers PHP propres aux templates WordPress.

8.2 LE FICHIER PSD

La maquette graphique du template AlsaWP est composée d'un header et d'un footer imposants (figure 8.1). Le header comporte une accroche, un logo et un bandeau supérieur. Le footer est composé de trois parties. La partie du milieu est séparée en deux et contient une barre latérale et une partie centrale destinée au contenu principal.

8.3 INTÉGRATION STATIQUE : « PSD TO HTML »

Avant de se lancer à corps perdu dans le code HTML et le code CSS, il faut absolument réaliser un schéma d'intégration. Il va nous permettre d'avoir une vue d'ensemble du projet et de définir à l'avance les différents identifiants, classes et propriétés CSS (figure 8.2).

- La balise <body> contiendra le fond du site.
- Le div « wrapper » va englober toute la partie du site. Ce qui va permettre de le centrer.
- Le div « header » contiendra le bandeau supérieur et l'accroche.
- Le div « main » va contenir plusieurs classes « .billet » composées d'une image, d'un titre h3 et d'une description.
- La barre latérale est composée de plusieurs div ayant comme classe « module ». À terme elle accueillera des widgets.
- Le footer contient également son propre « wrapper » pour centrer les trois div. Nous faisons ici le choix de coder le formulaire de contact en dur. Un CMS ne nous oblige pas à contrôler toutes les parties de notre template ! Bien entendu, libre à vous d'utiliser un plugin pour gérer ce formulaire.

Figure 8.1 – Maquette graphique

- Ce template utilise une Google font pour gérer une police exotique. Nous aurions pu également utiliser la propriété CSS « Font-face ». Voilà pour les grandes lignes. Si vous avez du mal à visualiser ces étapes en code HTML et CSS, nous vous conseillons d'analyser les fichiers sources disponibles sur le site www.dunod.com. Notre feuille de style CSS se trouve dans un répertoire nommé « style ».

Nous disposons maintenant d'une page HTML statique. Il est temps de la rendre dynamique !

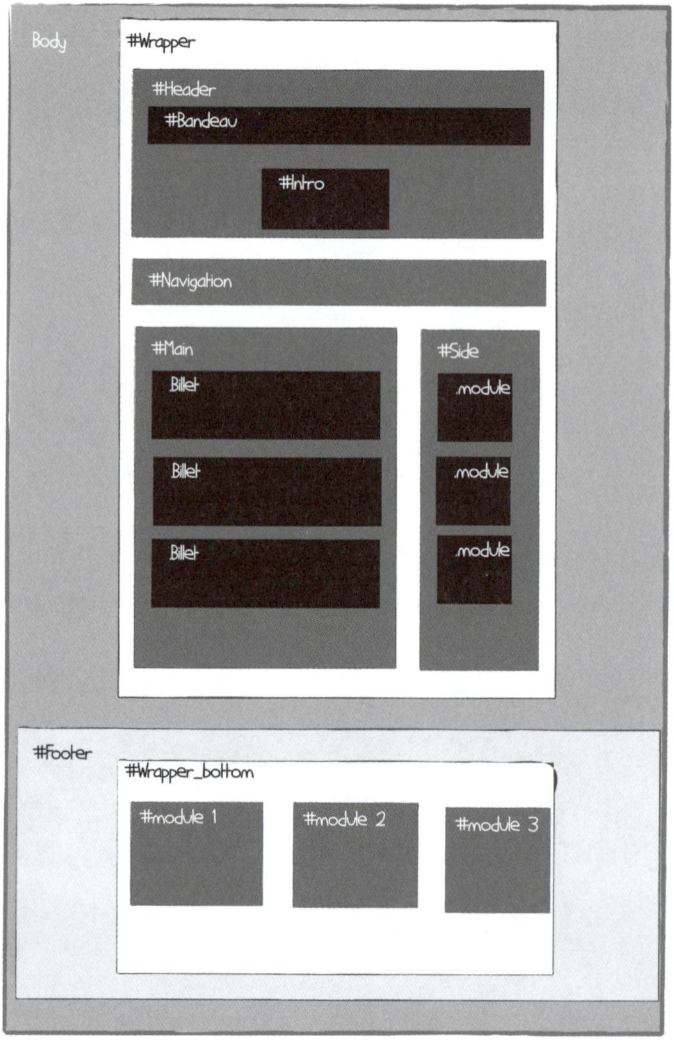

Figure 8.2 — Schéma d'intégration

8.4 « HTML TO WORDPRESS »

Pour transformer notre intégration statique en template WordPress, il faut remplacer le contenu statique par des *template tags* WordPress. Nous allons simplement commencer de haut en bas.

Préparation des fichiers du template

- Comme nous l'avons décrit dans la section « Un bon départ pour un bon thème » du chapitre 7, nous allons créer un dossier au nom de notre thème : ici AlsaWP.
- Copier un fichier « style.css » de n'importe quel thème (« Twenty Ten » par exemple) qui se trouve dans le fichier « wp-content/themes ».
- Nous changeons la description de ce template dans ce fichier « style.css », en supprimant tout le reste de son contenu.
- Nous ajoutons une image « screenshot.png » puis nous créons un fichier « functions.php » vide qui sera rempli au fur et à mesure de nos besoins.

Insertion du code statique

- Tous les fichiers de l'intégration statique sont copiés, tel quel, à la racine de notre template.
- Nous créons un fichier « index.php » en insérant à l'intérieur de celui-ci du code html statique (celui de « 'index.html » par exemple).

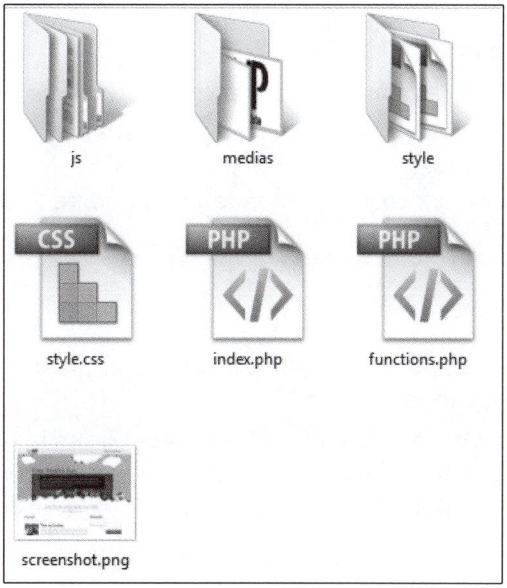

Figure 8.3 – Fichiers statiques de départ du template AlsaWP

- Dans l'interface d'administration de WordPress, nous pouvons maintenant activer le thème et insérer nos propres contenus (quatre articles, trois pages, deux menus personnalisés...). Bien entendu, tout est encore statique ! Mais plus pour très longtemps...

Insertion des fonctions WordPress (template tags)

Le contenu statique va être remplacé par des fonctions PHP pour le rendre dynamique. Nous allons débuter par l'en-tête du site et finir par le bas de page.

Le header

- Rendre les liens « durs » (images, feuilles CSS, fichier JavaScript) dynamiques grâce à la fonction `bloginfo()`.
- Insertion des fonctions `wp_title()` et `bloginfo()` dans la balise <title>.
- Ajout de la fonction `wp_head()` dans la balise <head>.
- Pour la partie « intro » nous laissons le slogan en dur. Libre à nous de la remplacer par une zone de widget ou par le slogan du site avec « bloginfo() ».

Le menu de navigation

- Création du menu dans la partie back-office.
- Dans le div « #navigation », nous insérons le code PHP pour afficher les rubriques du menu personnalisé. Voir la section « Création d'une ou plusieurs zones de Menus » du chapitre 7.

La partie principale

- Dans le div « #main », nous insérons une boucle WordPress standard. Cette boucle va afficher plusieurs extraits d'articles en générant des div avec la classe « .billet ».
- Ajouter le bout de code PHP au début de cette boucle permet d'afficher les vignettes.
- Après cette boucle, il est d'usage d'insérer deux liens de navigation.

La sidebar

- Le formulaire de recherche est appelé avec `get_template_part ('searchform')`.
- Création d'une zone de widget. Voir la section « Rendre "widgetisable" une zone » du chapitre 7.

Le footer

- Nous laissons le formulaire de contact tel quel. Comme vous avez pu le constater, il n'est pas fonctionnel. Il faudrait lui ajouter un script PHP pour qu'il puisse envoyer un e-mail.
- Nous créons deux zones widgetisables.
- La fonction `wp_footer()` est insérée.

C'est terminé ! Votre template est maintenant fonctionnel.

Mais nous allons l'améliorer. En effet, nous n'utilisons que le fichier « index.php ». Or souvenez-vous, WordPress possède d'autres fichiers dans sa hiérarchie. Il est temps de découper ce fichier « index.php » en d'autres fichiers.

Dispatcher le fichier « index.php »

Pour ce faire, nous allons utiliser la fonction `get_template_part()` dans le fichier « index.php ». Grâce à elles, nous pouvons le relier avec ces trois fichiers PHP : « footer.php », « sidebar.php » et « header.php ».

Gérer les catégories

Rappel – Une catégorie affiche plusieurs articles qui lui appartiennent.

WordPress va appeler le fichier « category.php » qui se trouve dans le template. Nous allons donc le créer !

Dans notre cas, la présentation d'une catégorie est exactement la même que la page d'accueil. Nous allons donc simplement copier le fichier « index.php » et le renommer en « category.php ». Il n'y aura que le titre h2 à changer.

Gérer un article

Pour afficher un article ou une page, WordPress va appeler le fichier « single.php » qui se trouve dans le template.

Il s'agit là aussi d'une copie du fichier « index.php ». En revanche, nous allons cette fois-ci modifier légèrement la boucle : suppression des vignettes et de la classe « .billet ».

8.5 CONCLUSION

Le template est maintenant terminé. Mais il n'est pas finalisé.

N'oublions pas que ce thème n'a pas vocation à être utilisé par le monde entier contrairement au thème payant ou gratuit qui se trouvent sur le Web. C'est plutôt un exemple de ce que pourrait être un thème développé pour un client et uniquement ce client : il y aura certainement des manques au besoin de chacun. Mais il n'attend que vous pour s'adapter à vous !

La suite est plutôt destinée à la finalisation des styles CSS et à l'arborescence de chacun (pagination, plugin, custom post type, etc.).
Le plus important dans un site web est la conception avec la construction d'une base solide (du storyboard jusqu'à l'intégration html-wordpress). Dès que celle-ci est fiable et mise en place, le reste se résume à l'imbrication de code PHP mélangé à de l'HTML/CSS/JS.

Libre à vous maintenant de le personnaliser et de l'améliorer : vous pouvez par exemple ajouter des modèles de pages ou styler en CSS la totalité des éléments. En effet, au moment de l'intégration statique nous avons stylé quelques-uns d'entre eux (h1, h2, Hh3,p, ul, li...), mais il en reste encore d'autres.

9

Étude de cas : acheter et modifier un Template HTML/CSS ou un Template WordPress

9.1 INTRODUCTION

Internet regorge de thèmes WordPress prêts à l'emploi. On peut en trouver énormément de très bonne qualité pour environ 50 $ (voir le site themeforest.net par exemple). Alors faut-il céder à la tentation ?

On peut résumer un projet avec un curseur : plus le curseur va vers le côté qualitatif plus cela va demander de temps (et d'argent). Dans le sens inverse : plus c'est rapide, plus la qualité sera moindre.

Mettons-nous en conditions avec un client qui souhaite un site Internet.

Ce dernier doit : être de bonne qualité, respecter les standards, être *responsive* (visible sur mobile et tablette), avoir un design sexy, avoir une deadline est très proche et (bien entendu) un budget plutôt limité. Bref, cela ressemble au mouton à cinq pattes.

Vous allez faire deux propositions de devis : l'une sur-mesure et l'autre « prêt à porter ». Explications :

- Le sur-mesure consiste à partir d'une feuille blanche pour arriver au site final. Nous allons donc passer par les étapes du cahier des charges, du storyboard, du design, de l'intégration HTML-CSS-JS, au choix du CMS puis à la formation. Cela prend du temps et de l'argent : le budget doit donc suivre.
- Le « prêt à porter » consiste à choisir avec le client (en toute transparence) un template existant en lui expliquant clairement les choses qui sont modifiables ou non (les couleurs, les images, le logo, le texte, l'ajout ou suppression de telles fonctionnalités). Il ne faut pas oublier qu'adapter un thème existant prend plus de temps que l'on imagine. Rare sont les projets qui collent parfaitement à un template existant. Il faut donc faire connaissance avec son code, sa philosophie, son fonctionnement, etc. Si de grosses modifications sont attendues (tant au niveau design que fonctionnel), cela demande aussi une quantité de travail importante.

9.2 LES PLUS ET LES MOINS

Avec cette solution « prêt à porter » nous réduisons la plupart des étapes du projet : le design, l'intégration HTML/CSS, la création du template WordPress, etc. Le devis et le temps de livraison sont alors contenus et la qualité est bien au rendez-vous. Ce qui est une belle performance en soi !

Mais il y a également un côté néfaste : le côté créatif n'est plus vraiment au rendez-vous et c'est assez frustrant : vous pourrez avoir l'impression de faire du travail à la chaîne en dupliquant un patron ; cela ne colle pas au côté flatteur du travail artisanal : façonnage, originalité et minutie. Certes, il y a un grand choix de templates, mais on se rend vite compte que la plupart se ressemblent beaucoup. Pourquoi ? Car ils se basent sur des frameworks communs (voir les explications plus loin à ce sujet).

Pour conclure, acheter et modifier un thème doit rester une solution exceptionnelle. En termes de rentabilité, c'est assez séduisant, mais si on en abuse, on risque de perdre toute valeur ajoutée ainsi qu'en savoir-faire.

9.3 LES FRAMEWORKS CSS

Pour avoir autant de renouvellement de thèmes qualitatif (plusieurs par jour !), la plupart se basent sur un Framework CSS comme Bootstrap, 960 Grid System ou Foundation 3.

En résumé, un framework CSS met à disposition des classes CSS qui se basent sur une grille. En mettant tel nom de classe (donné par la documentation du framework), l'élément HTML va prendre sa place sur la grille (largeur, positionnement, comportement responsive...).

Un exemple concret avec le FrameWork Bootstrap qui se base sur une grille de 12 colonnes :

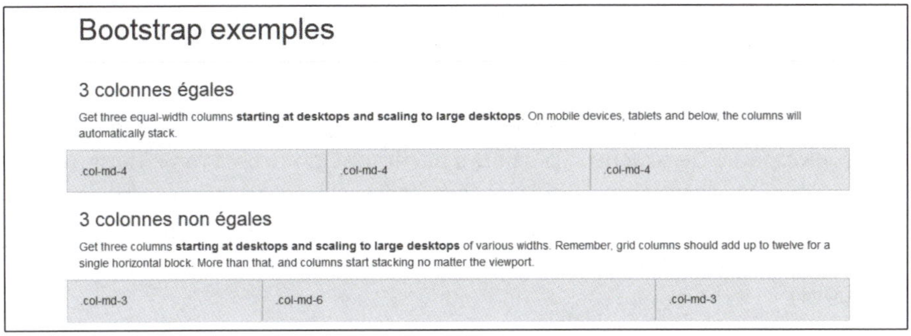

Figure 9.1 – Colonnes Bootstrap sur grand écran

Suivant le nom de la classe CSS, les colonnes vont prendre le nombre de colonnes adéquat. Un framework CSS gère bien entendu le côté responsive. Voici le même exemple avec une largeur de fenêtre plus petite :

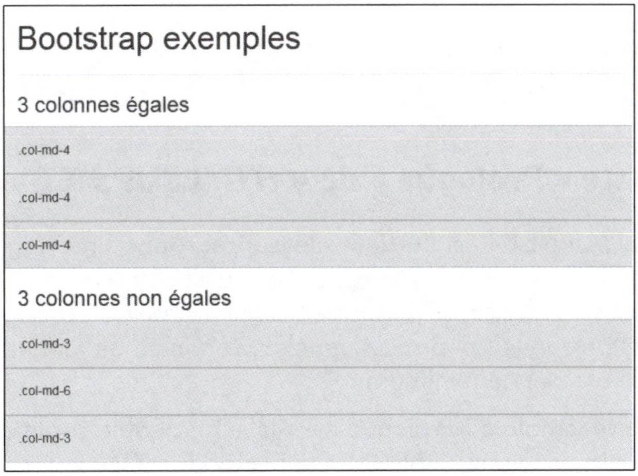

Figure 9.2 – Colonnes Bootrstrap sur mobile

On remarque que les colonnes sont replacées par des lignes.

Pour conclure, les frameworks CSS (associé au framework javascript comme jQuery) font gagner un temps précieux et c'est un véritable plaisir d'avancer rapidement. Par contre, on est restreint à un cadre et il est difficile d'en sortir : d'où un certain manque de créativité !

Il y a également un danger invisible dans le temps : à force d'utiliser uniquement des frameworks, on risque de trop s'habituer à ce langage en oubliant le codage à la main. Bref, on pense savoir coder un site web mais en se retrouvant devant une feuille blanche sans framework, ce n'est souvent plus le cas. Le jour où un framework n'est plus maintenu par son auteur, on risque de perdre beaucoup.

À titre personnel, j'en utilise que très peu (sauf jQuery, car je ne suis pas développeur). Je touche à plusieurs domaines différents mais néanmoins liés (graphisme, illustration, web...). Je préfère alors coder à la main ma partie web pour ne pas être esclave d'une technologie et apprendre constamment : c'est plus contraignant mais c'est une valeur sûre et pérenne de ne pas oublier !

9.4 « MÉTHODOLOGIE : MODIFIER UN TEMPLATE HTML/CSS »

Vous venez de trouver un template HTML/CSS/JS qui vous plaît énormément et vous voulez en créer un thème WordPress ? Nous allons en voir comment !

Chaque projet est différent, il n'y a pas de marche à suivre ultime. Néanmoins, le processus est souvent le même dans les grandes lignes avec des variantes propres à chacun.

Le template « Prologue » de « HTML5UP.NET »

« HTML5UP.NET » est un petit site qui regroupe une vingtaine de template HTML/CSS de belle qualité. Ils sont gratuits sous licence « Creative Commons Attribution 3.0 License » : on peut donc les utiliser et les modifier pour des projets personnels et professionnels à condition de faire mention de l'auteur. Ce qui est bien le minimum !

Notre template « Prologue » est téléchargeable sur le site de l'éditeur ou sur le site de l'auteur : html5up.net/prologue. Chose rare pour un template gratuit, aucune trace d'un framework CSS ou de liens de pub cachés. C'est appréciable !

Remarque : avant de lire la suite, il est conseillé de visualiser le template pour mieux comprendre les problématiques.

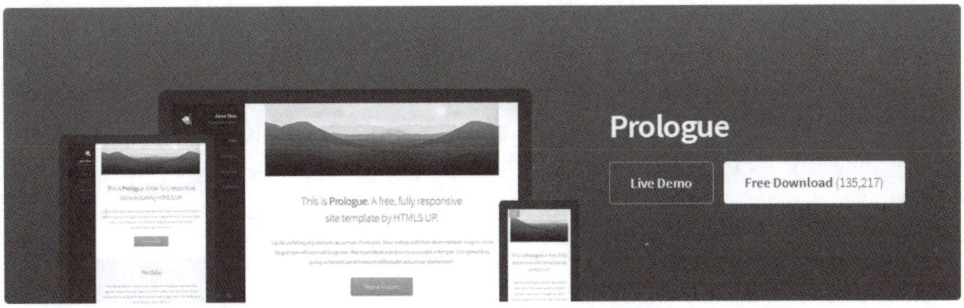

Figure 9.3 – Le thème HTML « Prologue »

Après téléchargement et décompression de l'archive, on prend connaissance de trois dossiers (images, js, css) et du fichier « index.html ». C'est un site « One Page » signifiant que tout le site se trouve sur une seule et même page défilant grâce au menu. C'est une structure un peu spéciale car il n'y a aucune arborescence. Tout se trouve sur la page d'accueil !

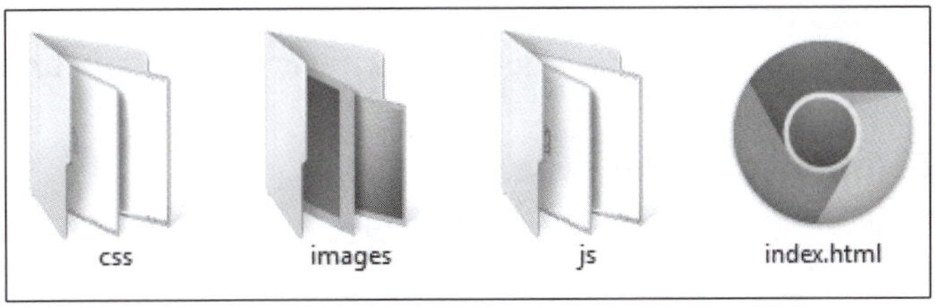

Figure 9.4 – Les fichiers sources du template HTML/CSS Prologue

Le code est propre et sans surprise : que du bonheur ! Nous allons maintenant passer à sa « WordPressification ».

Création du dossier et des fichiers de thème

- Dans le dossier « wp-content/thèmes » de WordPress, créez un dossier portant le nom du nouveau thème.
- À l'intérieur de celui-ci, importez directement les trois dossiers et le fichier index.html du template « Prologue ».
- Utilisez un fichier « style.css » d'un autre template en modifiant les informations commentées dans le haut du fichier et en supprimant tout le reste.
- Créez l'image « screenshot.png » au format adéquat pour faciliter votre choix dans l'interface d'administration.

- Renommez « index.html » en « index.php ». Activez le thème dans le back-office. Tous les liens relatifs à l'intégration statique sont rompus (lien des feuilles de styles, script, image etc.). Il est possible de les rendre dynamiques grâce à la fonction « bloginfo() » de WordPress.
- Dans l'en-tête, nous rajoutons la fonction wp_head() et dans le bas de page, la fonction wp_footer() afin de permettre aux plugins d'insérer leur propre code.

Le thème s'affiche maintenant parfaitement, mais il est toujours aussi statique. Nous allons le rendre dynamique !

Quel angle d'attaque adopter ?

Comme précisé plus haut, nous avons à faire à un template « One Page » où tout se trouve sur une même page. Toute forme d'arborescence n'existe alors pas : la navigation se faisant uniquement par des liens avec des ancres internes.

La logique de la « hiérarchie de fichiers » de WordPress peut alors se limiter uniquement à l'index.php. Plusieurs solutions s'offrent à nous pour pouvoir afficher / gérer les quatre rubriques du thème (Intro, Portfolio, About me et contact).

Solution 1 : la plus simple

Tout le site est égal à une seule et unique page dans WordPress. Dans l'interface d'édition de celle-ci, on insère le contenu du template (image, titre, texte...) puis grâce à la partie html de l'éditeur, on ajoute les identifiants (#top, #portfolio, #about, #contact) dans chaque partie. Le fichier « index.php » contiendrait uniquement une boucle standard pour afficher cette unique page.

La mise en place est rapide et facile, mais il faut savoir ce que l'on fait : un utilisateur lambda risque de modifier des informations au mauvais endroit et de rendre le site non fonctionnel.

Solution 2 : l'index, ses boucles et les pages

Le fichier « index.php » serait composé de quatre boucles personnalisées. Les quatre rubriques du thème (Intro, Portfolio, About me et contact) auraient chacune sa propre page statique dans WordPress. Nous placerons alors quatre query_posts() (boucles personnalisées) dans les balises html « section » adéquate. Chacune des boucles affichera une page précise en indiquant comme paramètre l'identifiant de la page.

Solution 3 : pourquoi un thème WordPress ?

C'est une question qu'on pourrait se poser. Sans un énorme travail de développement, il est impossible à un utilisateur lambda de pouvoir ajouter

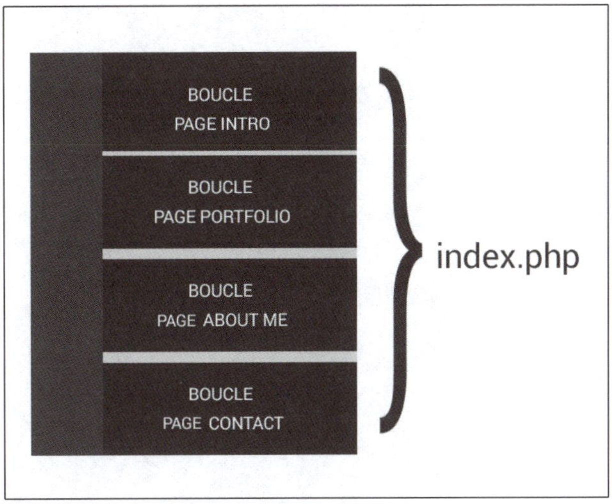

Figure 9.5 – Une boucle personnalisée pour chaque page dans index.php

à la volée de nouvelles rubriques du fait de la disposition originale du « one Page ». Mais livrer un site dont le contenu est modifiable, aussi petit soit-il, c'est toujours mieux !

WordPress est un gestionnaire de contenu : il ne s'occupe pas de générer du code HTML de mise en page, du code CSS ou encore du code JS comme un éditeur WYSIWYG (*What you see is what you get*).

La sidebar

« Jane Doe » étant le titre du site, nous pourrons le rendre dynamique grâce à la fonction bloginfo(), de même pour le slogan du site « Hyperspace Engineer ». Nous aurions également pu créer deux zones de widgets pour utiliser de simple widget texte.

Les icones des réseaux sociaux resteront en dur dans le template. Ces informations ne changeront pas dans le temps, inutile de réinventer la roue, au risque d'ajouter un temps de chargement à la page (si on utilise un plugin ou des fonctions php...)

Pour la création d'un menu, se reporter à ce qui suit.

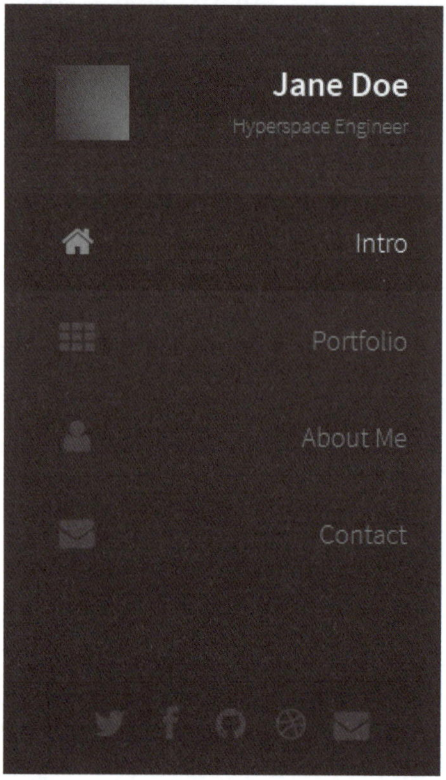

Figure 9.6 — La sidebar

Le menu

Nous créons une zone de menu en l'ajoutant d'abord dans le fichier functions.php de notre thème puis ouvrons index.php pour placer cette zone.

Mais attention, dans le back-office, il ne faut surtout pas faire de simple lien vers les quatre pages statiques que nous avons créées avec la solution 2. Nous perdrions l'effet « One Page » car en cliquant sur une page, nous afficherons une page seule, or nous voulons faire défiler une même page vers une section précise (remplie par cette page).

Il faut alors faire des liens personnalisés qui pointent directement vers les ancres de chaque partie.

Autre point critique : il faut adapter le code de la fonction wp_nav_menu(). Le code HTML du menu du template diffère de celui qui est créé par la fonction WordPress.

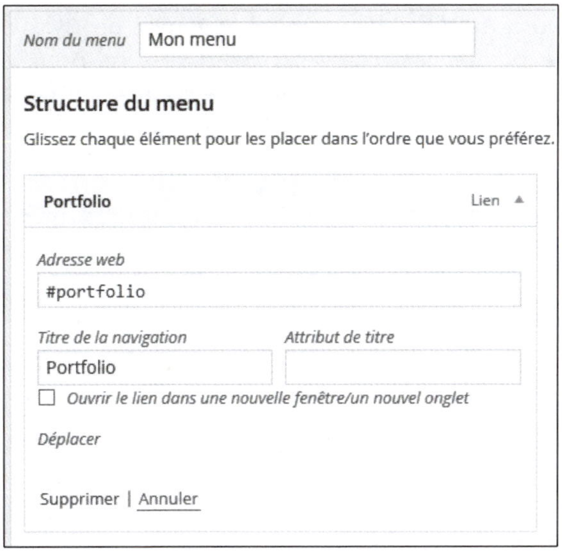

Figure 9.7 – Des liens pointant vers des ancres en guise de navigation

Voici le code du template Prologue :

```
<ul>
<li>
<a class="skel-panels-ignoreHref active" href="#top">
<span class="fa fa-home">Intro</span>
</a>
</li>
</ul>
```

Voici le code par défaut de la fonction wp_nav_menu().

```
<ul>
<li id="..." class="... ">
<a href="#">Portfolio</a>
</li>
</ul>
```

Grâce au codex, il est possible de modifier le code de sortie de la fonction wp_nav_menu() en modifiant le fichier functions.php. Nous pouvons alors rajouter une balise span à l'intérieur du lien. Voici à quoi nous arrivons :

```
<ul>
<li id=".." class="..">
<a href="#"><span>Portfolio</span></a>
</li>
</ul>
```

Il faudra modifier légèrement la feuille de style CSS pour modifier la façon de pointer les éléments. WordPress ne nous permet pas d'ajouter une class personnalisée à l'élément « span ». Par contre, depuis l'interface d'administration des menus, nous pouvons ajouter notre propre classe CSS au parent du lien (ici <li>).

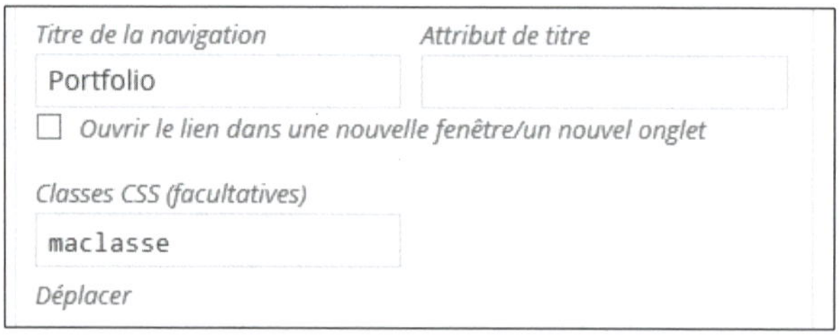

Figure 9.8 – Ajouter une classe CSS personnalisée à une rubrique

Conclusion

Voilà pour les grandes lignes : le thème « Prologue » HTML/CSS est maintenant devenu un thème WordPress !

9.5 « MÉTHODOLOGIE : MODIFIER UN TEMPLATE WORDPRESS EXISTANT »

Vous venez de trouver un template WordPress complet qui vous plaît ? Vous voulez avoir une feuille de route pour procéder à des modifications ? Voici quelques conseils.

Chaque projet est différent et il n'y a pas de marche à suivre ultime. Néanmoins, le processus est souvent le même dans les grandes lignes avec des variantes propres à chacun.

Conseils

- Choisissez bien votre template en n'hésitant pas à regarder le code source sur le site de démonstration du template.
- Vérifiez la présence d'un framework CSS ou non suivant votre goût.
- Lisez la notice d'utilisation.
- Il est conseillé d'installer le thème avec le contenu de démo pour faciliter sa prise en main.

- La plupart des templates sont en anglais, il faudra peut-être les traduire (autant la partie publique que celle du back-office).
- Avant de vous lancer à corps perdu dans la modification du thème, prenez le temps de comprendre le fonctionnement de celui-ci. Chaque template est l'œuvre d'un auteur différent : ils ne sont pas tous pareils.
- Utilisez un thème enfant pour modifier un thème existant. Le jour où vous installez une mise à jour de votre thème, vos modifications seront écrasées et donc perdues.
- Usez de firebug (ou un équivalent) pour trouver rapidement les règles CSS ou les balises HTML à modifier.
- Ne modifiez jamais les feuilles de style d'un framework CSS. Ajoutez simplement vos règles CSS à la suite de la dernière feuille CSS appelée dans le header du site. Elle sera prioritaire sur les autres.
- Utilisez la fonction « recherche dans un dossier » de notepad++ pour trouver (par exemple) une fonction PHP ou JS précise.

Conclusion

Modifier un template existant nécessite autant de connaissance que pour la création d'un template entier, voire plus si on veut le revoir en profondeur. Il faut s'adapter aux technologies utilisées (framework...) et rapidement comprendre le principe global pour pouvoir agir au bon endroit.

Gardez toujours à l'esprit (comme pour la création d'un thème) que chaque modification doit aller dans le sens de l'utilisateur profane. Par exemple : Le design de ce titre h3 dans les actualités ne vous convient pas ? Agissez sur les balises H3 en ciblant ses parents et non en lui assignant une classe directement. Si ce n'est pas le cas, l'utilisateur devra lui-même ajouter cette classe à la main dans l'éditeur html de WordPress. Chose impensable. Mieux vaut prévoir une règle CSS stipulant que tous les titres H3 se trouvant dans les div actualités vont s'afficher de telle manière.

QUATRIÈME PARTIE

WordPress côté coulisses

10

WordPress et le multisites

10.1 PRÉSENTATION

Le multisite est une fonctionnalité relativement méconnue de WordPress. Elle peut pourtant s'avérer intéressante.

Il existait une version spéciale et dédiée de WordPress permettant de gérer le multisite : WordPress MU (ou multiutilisateurs). Le principe est de concentrer plusieurs sites web possédant chacun leur administration mais sur une seule installation. Ces sites font alors parti d'un même réseau et partagent la même installation, mais attention, ce sont des sites séparés et indépendant les uns des autres.

Qui dit son propre site dit son propre contenu, son propre thème, ses propres plugins, etc. En d'autres termes, un autre site WordPress complet ! Il suffit d'une seule mise à jour sur l'installation mère pour mettre à jour tous ses sites enfants et une seule sauvegarde suffit pour tous les sites.

WordPress incorpore cette fonctionnalité nativement, mais il faut l'activer.

Le multisite est conseillé pour : des réseaux de blog, un intranet, créer son propre réseau social et pourquoi pas pour des sites multilingues.

10.2 ACTIVATION DE L'OPTION MULTISITE

Avant toute manipulation, il est vivement conseillé de sauvegarder votre site en entier (voir chapitre 11).

1. **Activation dans wp-config.php**
   Il suffit d'ajouter la ligne de code suivante dans le fichier wp-config.php qui se trouve à la racine de votre installation WordPress : define ('WP_ALLOW_MULTISITE', true) ;
   Cela aura pour effet l'ajout d'une section Réseau dans l'onglet Outils (figure 10.1).

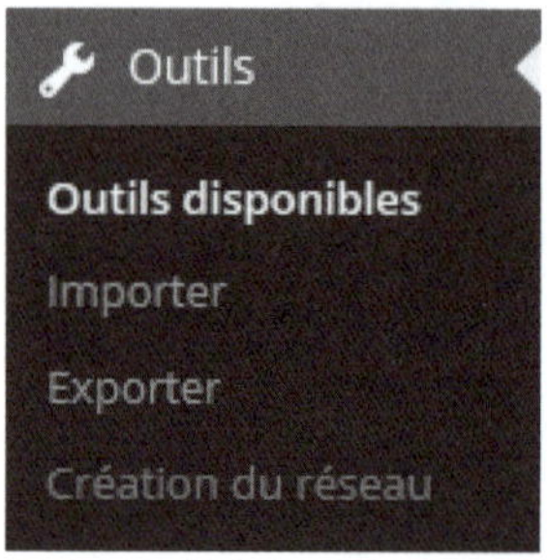

Figure 10.1 — Section Réseau

2. **Création du sous-réseau**
   Après avoir cliqué sur la sous-partie « Création du Réseau » et renseigné les différents champs relatifs à votre réseau, une page s'ouvre nous invitant à suivre 2 étapes (figure 10.2).
   Copiez coller les deux codes fournis aux deux endroits indiqués.
3. **Reconnexion et Fin !**
   Il est nécessaire de se reconnecter à l'espace d'administration. Un nouveau signet, nommé « Mes Sites » a fait son apparition dans le coin supérieur gauche (figure 10.3), ainsi qu'une nouvelle rubrique dans la barre latérale. Vous êtes maintenant un Super Administrateur !

Remarque importante – On peut vite se perdre. Il y a maintenant deux types de tableaux de bords : celui du site père et celui du réseau.

10.3 L'INTERFACE D'ADMINISTRATION DU RÉSEAU

Le compte Super Admin permet de gérer le site principal, mais surtout l'ensemble de son réseau des (sous-) sites (figure 10.4).

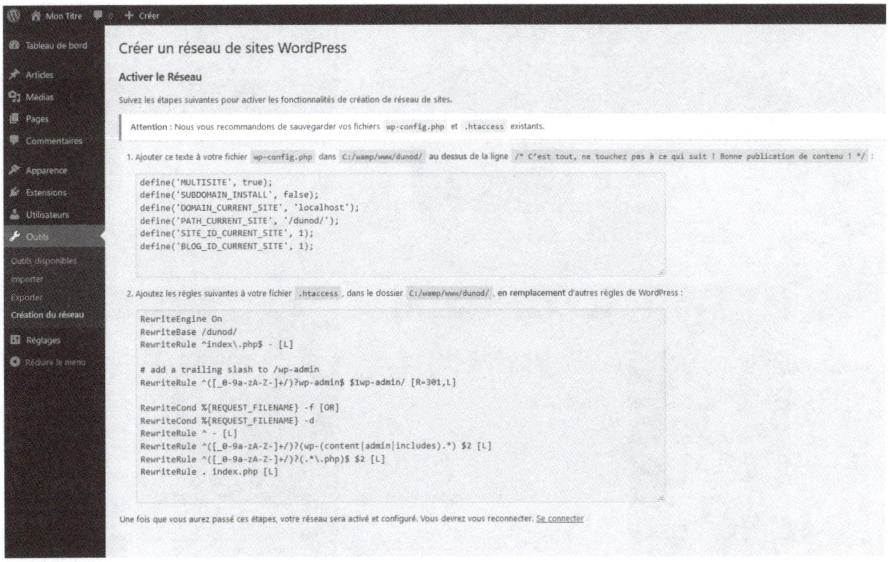

Figure 10.2 – Les deux étapes à suivre

- **La rubrique Tableau de bord**
  Cette rubrique permet de chercher rapidement un utilisateur ou un site (figure 10.5), mais surtout de créer un nouveau site et un nouvel utilisateur.
- **La rubrique Sites**
  Cette rubrique permet de lister tous les sites des utilisateurs.

Note – En plus d'être automatiquement ajouté à la liste des sites, le sous-site sera également ajouté à la liste des utilisateurs.

En survolant avec la souris le nom d'un site, un sous-menu apparaît. Il permet notamment de modifier le site, mais également de se connecter automatiquement à son back-office (figure 10.7).

- **La rubrique Tableau de Bord**
  Dans ses sous rubriques, il est facilement possible de mettre à jour tout ce qui concerne le réseau (extensions, thèmes, traductions, WordPress, etc.)
- **La rubrique Utilisateurs**
  Cette rubrique liste tous les utilisateurs qui possèdent leur propre site ainsi que les utilisateurs du site principal. Le super Administrateur peut aussi éditer les informations de chaque utilisateur.

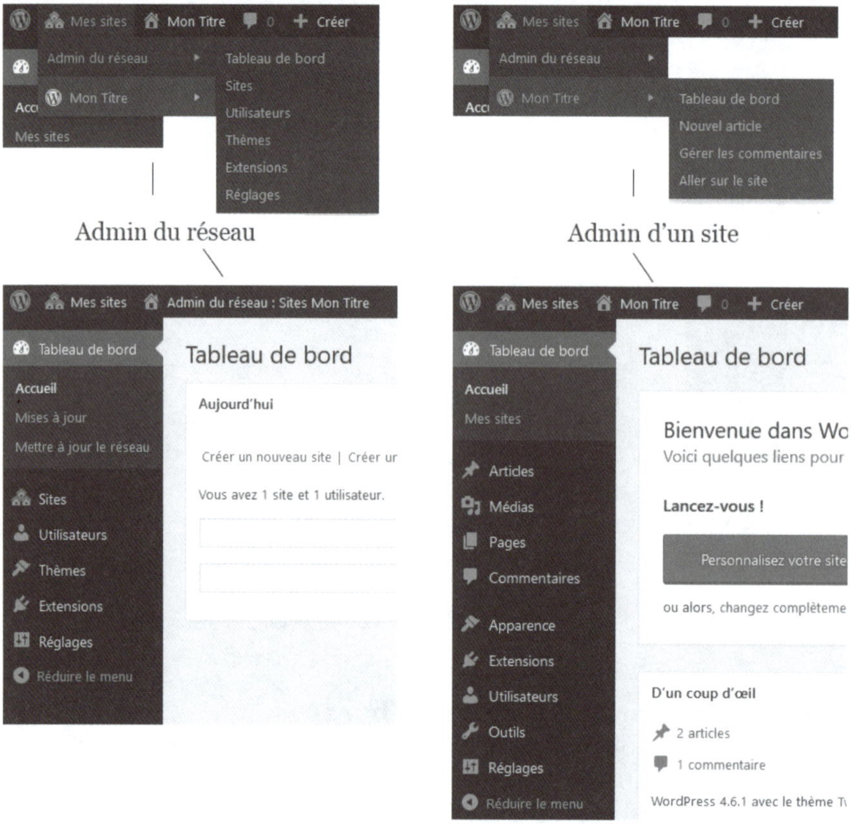

Figure 10.3 – Les deux Tableaux de bord. On peut vite s'y perdre !

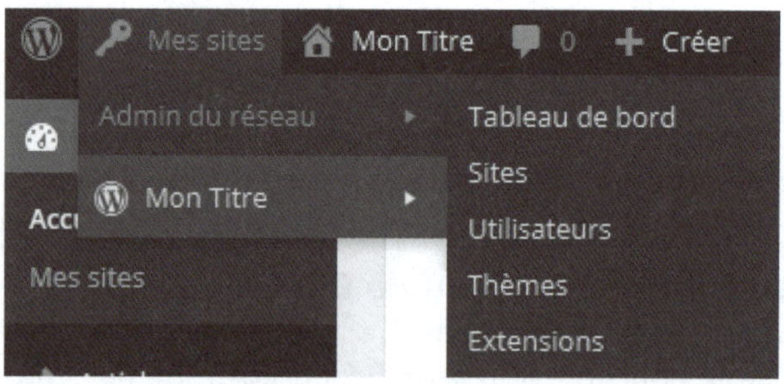

Figure 10.4 – Le compte Super Admin

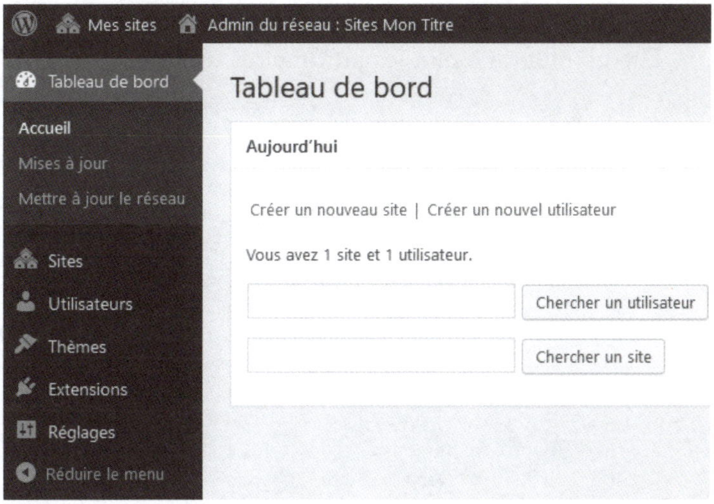

Figure 10.5 – Rubrique tableau de bord Super Admin

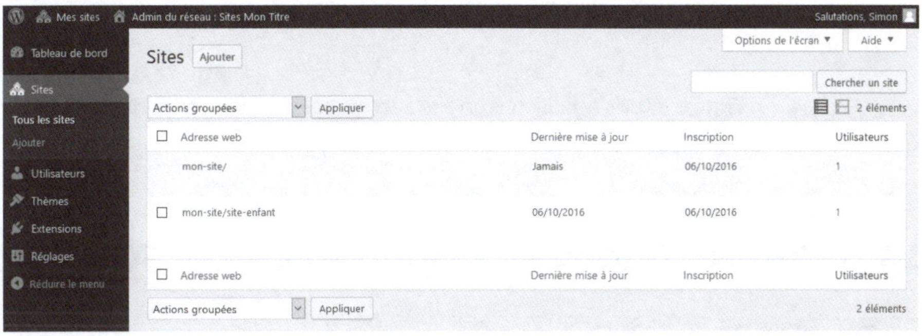

Figure 10.6 – Listing des sites

- **La rubrique Thèmes**
  C'est à cet endroit qu'il est possible d'activer (ou non) les différents thèmes disponibles pour ce réseau de sous-sites. C'est à l'utilisateur final que reviendra le choix de ses thèmes activés dans son espace d'administration propre.
  Les thèmes utilisés sont les mêmes que ceux du site principal. Aucune modification de leur code source n'est nécessaire.
- **La rubrique Extensions**
  Cette rubrique permet de gérer les différentes extensions que les sous-sites pourront utiliser.

- **La rubrique Réglages**
  Elle permet de régler les paramètres du réseau.

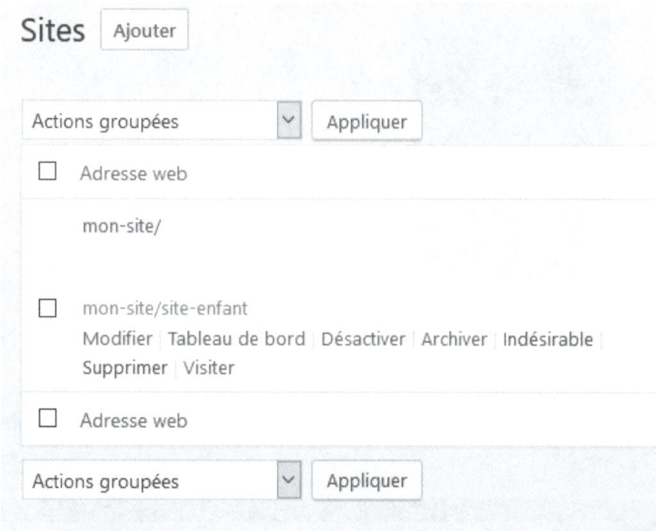

Figure 10.7 – Édition d'un site : accès rapide à diverses parties

10.4 MARCHE À SUIVRE POUR CRÉER UN SOUS-SITE

Dans l'interface d'administration du réseau :

- On crée un sous-site que l'on peut par exemple appeler « Mon Site Enfant » en se rendant dans la sous-section Ajouter de l'onglet Sites.
- L'administrateur du nouveau site va recevoir ses codes d'accès et il pourra s'y connecter.

10.5 CHOIX DE LA FAÇON D'INSTALLER LES SOUS-SITES

Il est possible de choisir la façon dont on atteint les sous-sites par rapport au site père. Soit en sous-domaine « mon-sous-site.mon-site.com » ou en sous-dossier « mon-site.com/mon-sous-site ».

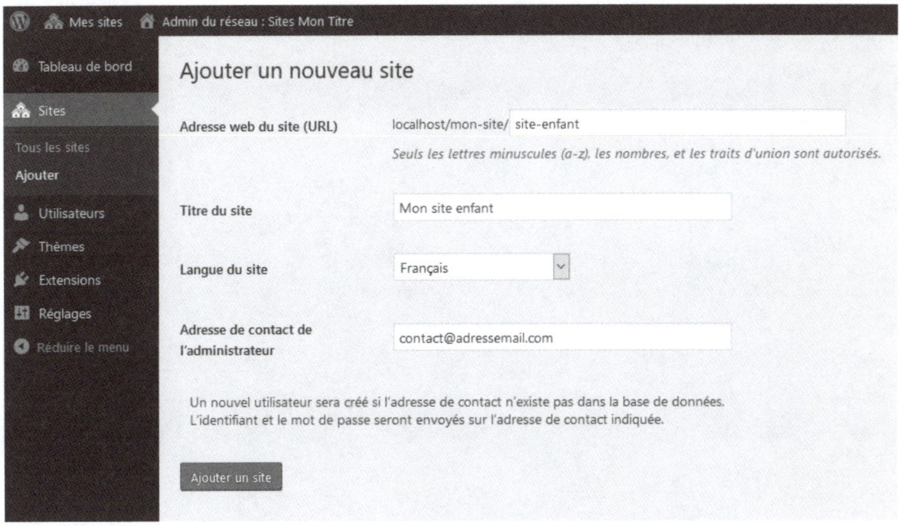

Figure 10.8 – Création du site « Mon Site Enfant »

Pour changer d'installation, ouvrez le fichier wp-config.php et repérez cette ligne :

define('SUBDOMAIN_INSTALL', true);

false : correspond à la façon de nommer par sous-dossier « mon-site.com/mon-sous-site ».

true : correspond à la façon de nommer par sous-domaine « mon-sous-site.mon-site.com ».

Remarque – Certains serveurs supportent mal les sous-domaines. Comme pour les permaliens, vérifiez bien que le mode « mod_rewrite module » est activé (il est rare que ce ne soit pas le cas).

11

Maintenance

11.1 SAUVEGARDER WORDPRESS

Introduction

Comme vous l'avez remarqué lors de son installation, WordPress fonctionne avec une base de données. En plus de sauvegarder tous les fichiers de WordPress, il est également nécessaire de sauvegarder cette base de données (figure 11.1).

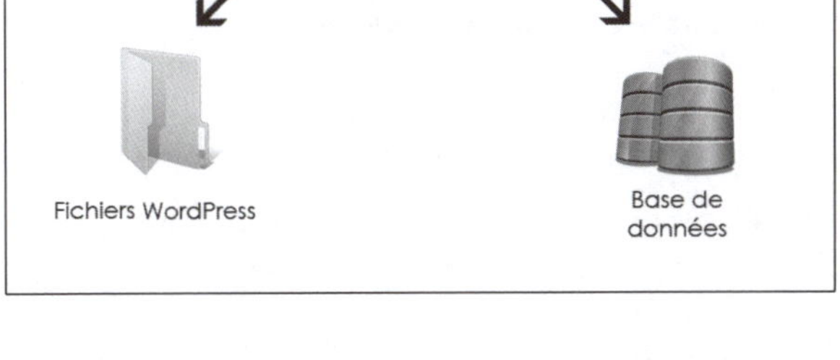

Figure 11.1 – Fichiers et base de données : éléments pour sauvegarder WordPress

Sauvegarder les fichiers

Pourquoi ?

Les fichiers contiennent notamment toutes les images que vous avez téléchargées, tous vos médias, tous les plugins que vous avez installés, tous vos thèmes, votre fichier de configuration, etc. Il est donc très important de tout sauvegarder.

Comment faire ?

Il suffit simplement de sauvegarder (transférer sur votre ordinateur) tous les fichiers (ou le dossier) qui concernent WordPress. Ces fichiers sont les mêmes que ceux qui ont été « uploadés » par FTP.

Sauvegarder la base de données

Pourquoi ?

La base de données SQL contient votre site (articles, pages, liens vers les images), les utilisateurs, leur mot de passe, la liste des plugins activés, les réglages, les options, les commentaires, etc. Une sauvegarde est donc nécessaire.

Comment faire ?

Rendez-vous dans l'interface de phpMyAdmin qui permet de gérer la base de données de votre hébergement. Il n'y a pas d'inquiétude à avoir, aucune connaissance en SQL n'est requise.

Si vous possédez plusieurs bases de données, choisissez celle dans laquelle WordPress est installé, dans le menu de gauche. Lorsque vous vous trouverez à l'intérieur de celle-ci, vous pourrez apercevoir son contenu (figure 11.2).

> **Note** – Un WordPress fraîchement installé, dispose de 11 tables de données. Cependant, plus vous installez de plugins, plus vous aurez de chance de retrouver un nombre plus élevés de tables de données.

Cliquez ensuite sur l'onglet « Exporter » (figure 11.3). Puis, en bas de page, choisissez votre format et cliquez sur « Exécuter ».

Une fenêtre apparaît alors vous demandant d'enregistrer cette archive (figure 11.4). Conservez-la précieusement : c'est toute votre base de données !

C'est terminé. Votre base de données et vos fichiers sont maintenant sauvegardés.

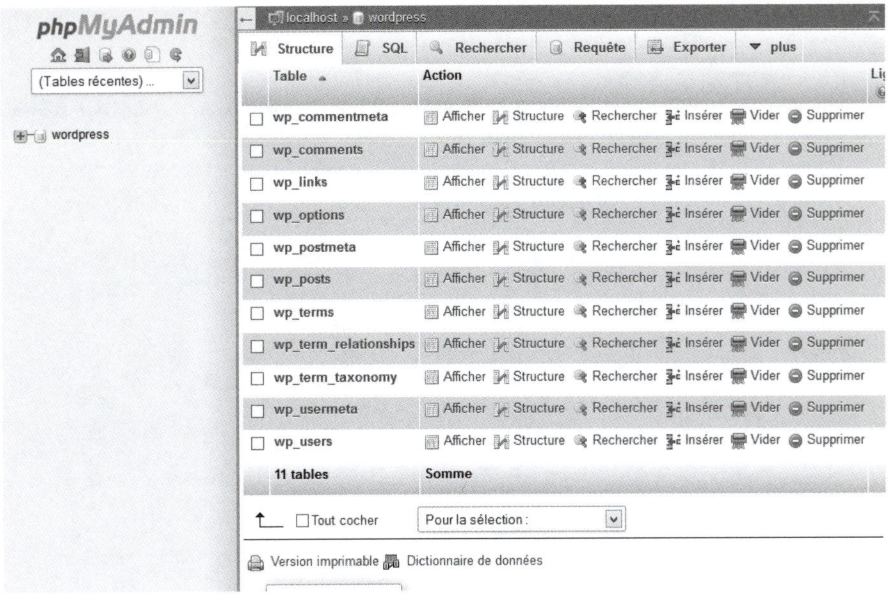

Figure 11.2 – Contenu de la base de données de WordPress après son installation

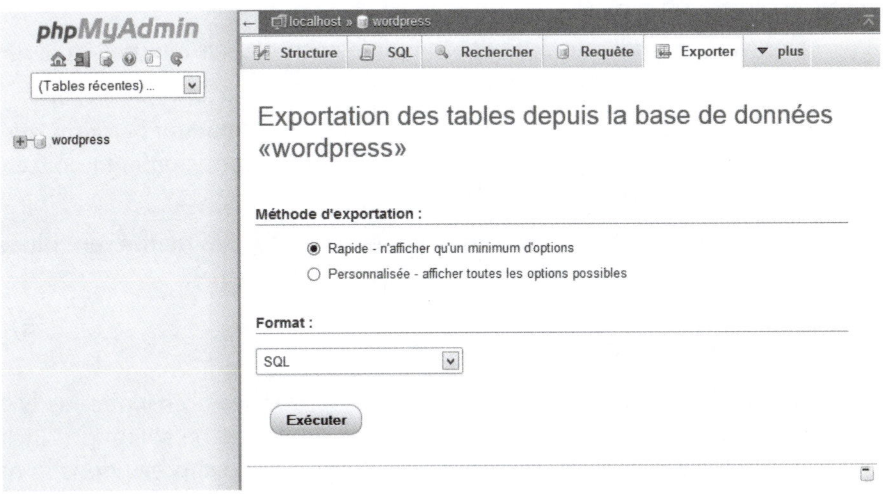

Figure 11.3 – L'onglet Exporter

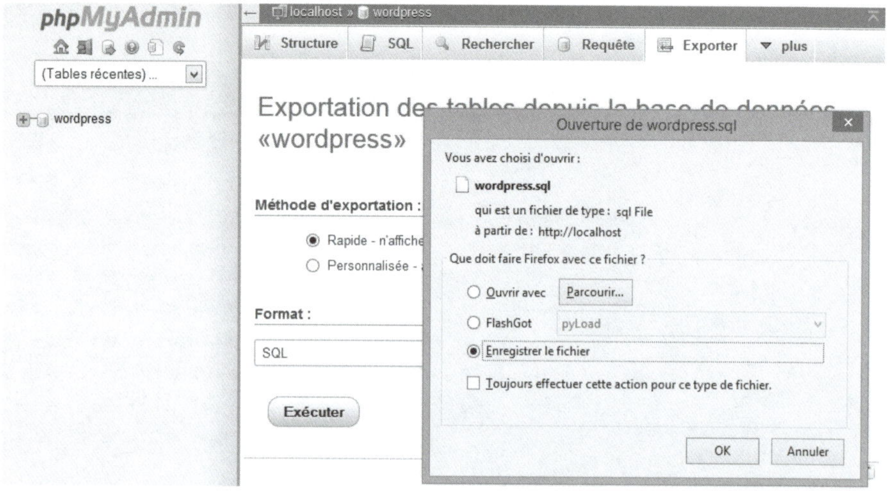

Figure 11.4 – Exportation de la base de données

Cas spécifique : les options de thème

Qu'est-ce que c'est ?

Dans une grande majorité des templates achetés sur Internet, la plupart possèdent une rubrique « Themes Options » dans le back-office de WordPress.

Comme son nom l'indique, c'est l'endroit permettant de gérer et configurer les options du thème en question (la couleur principale, la police utilisée, les options d'affichage, etc.).

Il existe différents plugins qui permettent de mettre en place cette fonctionnalité (*OptionTree* étant un des plus connus).

Comment les sauvegarder et les restaurer ?

En sauvegardant la totalité de la base de données ainsi que les fichiers, il y a de grandes chances que ces options de thème ne soient pas incluses. Il faut donc exporter ces données ! Par chance tout est prévu dans la majorité de ces plugins : il y a une rubrique « import / Export » qui permet d'exporter ces fameux paramètres.

Il en résultera un fichier xml que vous pourrez importer (ou sauvegarder) dans la nouvelle adresse du site.

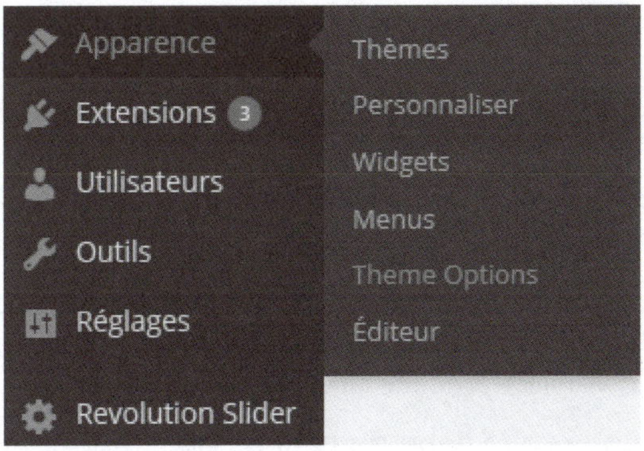

Figure 11.5 – Exemple de la rubrique « Theme Options »

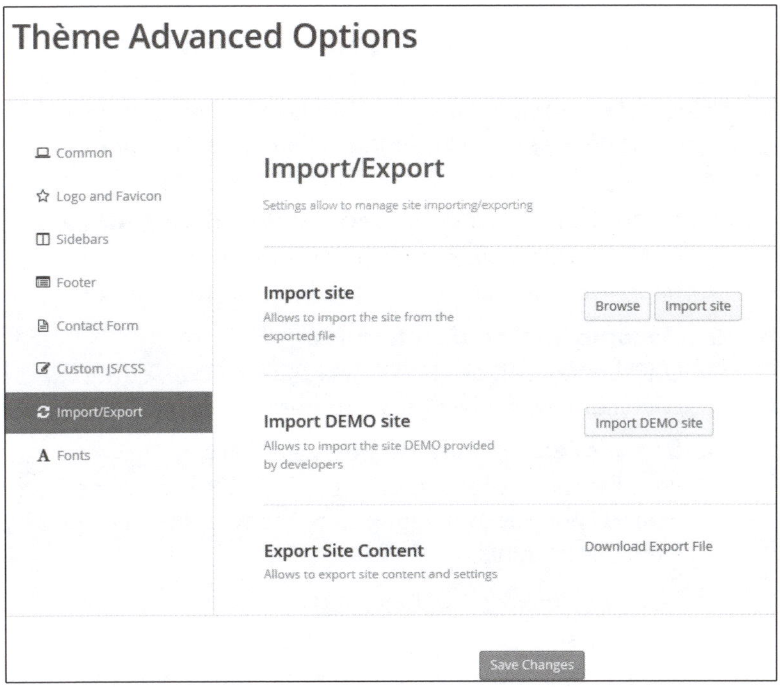

Figure 11.6 – Interface de gestion de l'export et de l'import des options du thème

11.2 METTRE À JOUR WORDPRESS

Avertissement

Avant chaque mise à jour, pensez à faire une sauvegarde de votre base de données et des fichiers WordPress.

Personne n'est à l'abri d'une mise à jour qui se passe mal. Si le cas devait se présenter, les sauvegardes que vous aurez effectuées vous permettront de revenir à la version précédente.

Vérifiez que votre hébergement possède bien toutes les caractéristiques requises pour pouvoir accueillir la nouvelle version de WordPress (PHP, MySQL).

Enfin, désactivez tous vos plugins.

Mise à jour manuelle

Le but d'une mise à jour est de remplacer les anciens fichiers de WordPress par les nouveaux. Mais attention, certains fichiers ne doivent surtout pas être remplacés. Leur remplacement impliquerait en effet un risque important de perte de données essentielles (images, templates, plugins). Voici la feuille de route :

1. **Obtention de la dernière version de WordPress**
   http://fr.wordpress.org/ (version française)
   http://wordpress.org/download/ (version anglaise)
2. **Décompression de l'archive**
   Un simple clic droit est nécessaire pour extraire l'archive (.zip) contenant les fichiers de WordPress.
3. **Remplacement des anciens fichiers**
   Voici l'étape la plus importante : il s'agit ici de remplacer les anciens fichiers par les nouveaux. Vous devez tout remplacer, SAUF les éléments suivants :
   - le dossier « wp-content/plugins » ;
   - le dossier « wp-content/themes » ;
   - le fichier « wp-config.php » (normalement ce fichier ne figure pas dans la dernière version téléchargée, car il est créé après l'installation de WordPress).
4. **Lancement de la mise à jour**
   Visitez la partie d'administration de votre site. Si une mise à jour de la base de données est nécessaire, WordPress le fera automatiquement

pour vous. Il vous en informera et vous devrez alors cliquer sur un bouton (figures 11.7 et 11.8).

Figure 11.7 – Notification de mise à jour de la base de données

Figure 11.8 – Notification de fin de mise à jour de la base de données

5. **Vérification et fin**
   En bas de page de l'administration, vérifiez que vous utilisez bien la dernière version (figure 11.9).

Figure 11.9 – Nous disposons bien de la dernière version !

Si c'est bien le cas, il est désormais temps de réactiver vos plugins !

Mise à jour automatique

Attention, chez certains hébergeurs cette solution ne fonctionne pas, mais ils sont plutôt rares. Voici la marche à suivre. Il suffit simplement de cliquer sur la section « Mises à jour » du signet « Tableau de bord » de la barre d'administration latérale, puis de cliquer sur le bouton « Mettre à jour automatiquement » (figure 11.10).

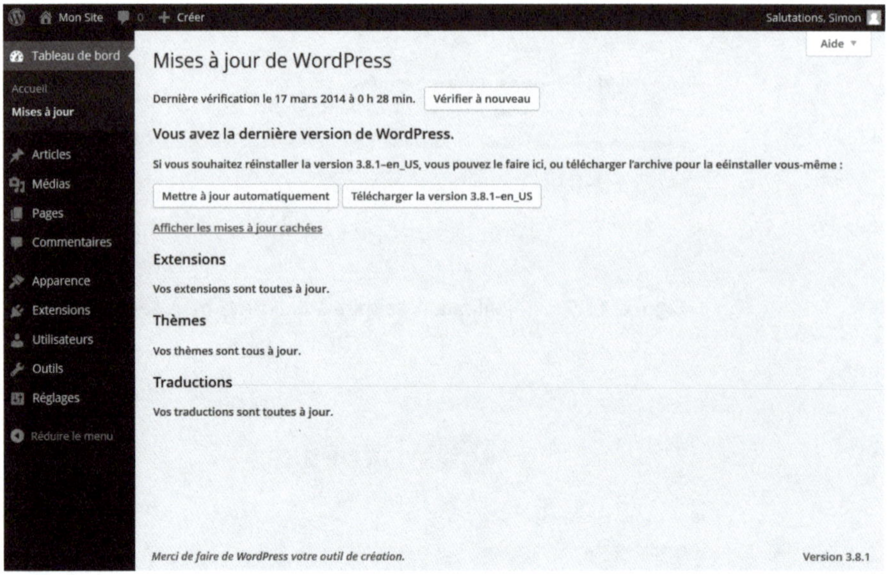

Figure 11.10 – Tableau de bord – Mise à jour de WordPress

WordPress téléchargera, décompressera et installera alors la dernière version très rapidement.

C'est terminé ! Après avoir cliqué sur le lien « Aller sur le tableau de bord », pensez à vérifier que vous utilisez bien la dernière version.

Remarque – Depuis la version 3.7 les mises à jour mineures se feront automatiquement. Par exemple, les versions 3.7.1, 3.7.2 et ainsi de suite seront installées sans que l'utilisateur ait à s'occuper lui-même de la procédure. Ces versions d'entretien servent souvent à diffuser des correctifs quand des failles sont repérées dans le code. Notez que cette mise à jour automatisée est bien spécifique aux versions mineures. Ainsi, lorsque sortira une version majeure (comme 3.9 ou 4.0), l'utilisateur devra toujours s'en charger lui-même.

11.3 DÉMÉNAGER WORDPRESS

WordPress et son URL

WordPress se construit entièrement (base de données, liens, images) à partir de l'URL qui lui a été indiquée dans les options générales de l'espace d'administration (figure 11.11). Elle est donc très importante.

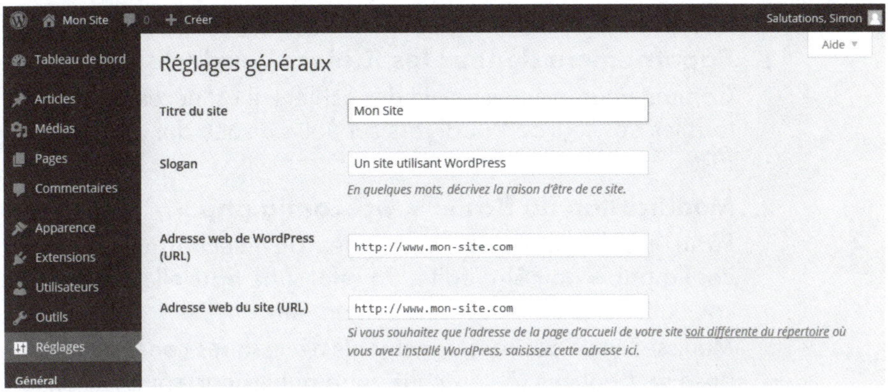

Figure 11.11 – Options générales de WordPress

Cette URL est stockée dans la base de données. Il faudra donc la modifier en cas de changement de nom de domaine.

WordPress et son fichier « wp-config.php »

Le fichier « wp-config.php » est créé par WordPress uniquement lors de son installation. Il contient des informations mySQL relatives à la connexion de la base de données.

Ces informations sont :

- le nom de la base de données ;
- le préfixe de la table ;
- l'utilisateur de la base de données ;
- le mot de passe de la base de données ;
- l'adresse de la base de données.

Souvenez-vous : il s'agit en fait des informations que WordPress avait demandées lors de son installation. Elles étaient nécessaires pour la création du fichier « wp-config.php ».

En cas de changement d'hébergeur (et donc de base de données), ces informations devront être modifiées.

Déplacer un site WordPress entier

Votre site WordPress doit être déménagé vers un nouvel hébergeur et il s'octroie un nouveau nom de domaine.

Voici la marche à suivre pour réussir son déménagement :

1. **Rapatriement de tous les fichiers WordPress en local**
   Comme pour la sauvegarde des fichiers, il est nécessaire de transférer tous les dossiers de WordPress sur votre disque dur, grâce à un logiciel FTP.
2. **Modification du fichier « wp-config.php »**
   Parmi les fichiers que vous venez de télécharger, le fichier « wp-config.php » doit être édité. En effet, une nouvelle base de données vous attend sur le nouvel hébergement.
   Munissez-vous des renseignements nécessaires concernant la nouvelle base de données (à voir chez votre hébergeur), puis éditez le fichier :

```
/** Le nom de la base de données */
define('DB_NAME', 'bibi-db');

/** Le nom d'utilisateur de la base de données */
define('DB_USER', 'utilisateur');

/** Mot de passe de la base de données */
define('DB_PASSWORD', 'm0t-de-passe');

/** Localisation de la base de données */
define('DB_HOST', 'adresse-de-la-base');

/** Préfixe des tables de la base de données de l'ancien site */
$table_prefix  = 'wp_tables_ancien_site';
```

3. **Exporter la base de données**
   Voir pour cela la partie « Sauvegarder sa base de données » de ce chapitre. Veillez à bien conserver cette archive d'export.
4. **Changement de l'URL dans l'export de la base de données**
   L'ancienne URL du site doit maintenant être mise à jour afin que WordPress puisse se reconstruire à partir de la nouvelle URL.
   Pour cela, il faut directement agir dans le code source grâce à NotePad++. Après avoir décompacté l'archive de l'export, vous obtiendrez un fichier « sql » que vous ouvrirez alors dans NotePad++.

Pour pouvoir remplacer l'ancienne URL par la nouvelle, vous pouvez utiliser la fonction « Rechercher/Remplacer « (figure 11.12). Le raccourci clavier CTRL+F permet l'ouverture d'une fenêtre contenant plusieurs onglets. Choisissez l'onglet « Remplacer ».

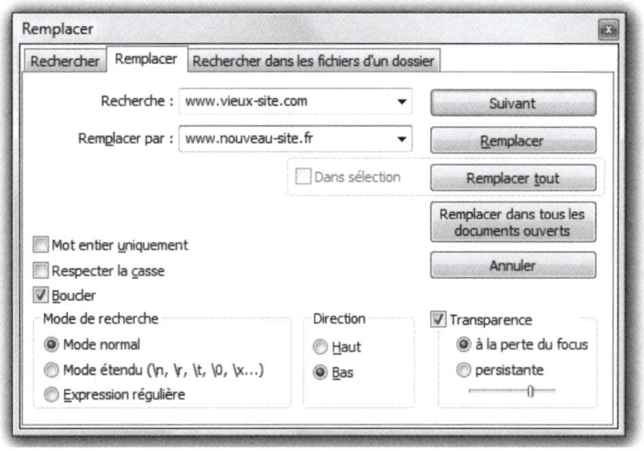

Figure 11.12 – La fonction Rechercher/Remplacer dans NotePad++

Remplissez le champ « Recherche » avec l'URL de l'ancien site et le champ « Remplacer par » avec la nouvelle URL.

Pour finir, cliquez sur le bouton « Remplacer tout ». Une deuxième fenêtre apparaît alors montrant le nombre d'occurrences remplacées. C'est terminé ! L'ancienne URL a disparu du fichier.

5. **Uploader les fichiers WordPress vers le nouveau site**

   C'est le moment d'uploader les fichiers locaux (avec le nouveau fichier « wp-config.php) » vers son nouvel hébergement, grâce à un logiciel FTP.

6. **Importer la base de données**

   La dernière étape consiste à importer la base de données. Pour cela, rendez-vous dans l'espace d'administration de votre base de données chez votre hébergeur. Dans cet espace d'administration MySQL (phpMyAdmin par exemple), choisissez la base de données adéquate (s'il y en a plusieurs), et cliquez sur l'onglet « Importer » (figure 11.13).

   Cliquez sur « Parcourir » et allez chercher le fichier SQL créé auparavant. Puis, cliquez sur le bouton « Exécuter » situé en bas à droite. Un message confirmera alors la bonne exécution de l'importation.

   Vous remarquerez que toutes vos tables sont présentes dans la colonne de gauche.

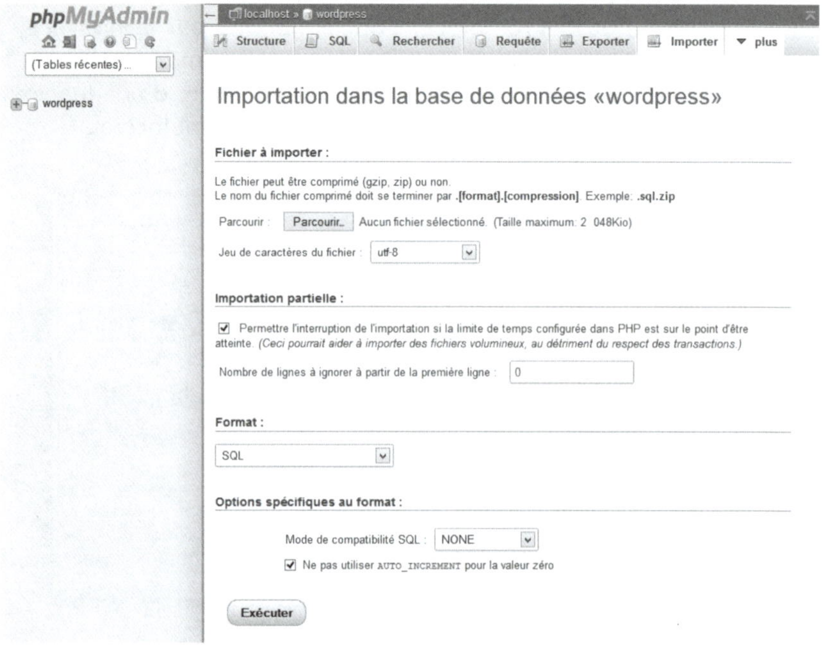

Figure 11.13 — L'onglet Importer

Remarque – Par défaut, l'export SQL de la base de données recrée une base de données. N'hésitez pas à supprimer cette ligne dans l'export SQL si vous n'avez pas les droits (un message d'erreur vous préviendra).

7. **C'est terminé !**
   En vous rendant sur le nouveau site, vous verrez que votre site WordPress est désormais en place : le déménagement s'est donc parfaitement déroulé ! (N'oubliez pas l'étape concernant les options de thème décrite plus haut si vous utilisez un template pré-fait).

Supprimer son site WordPress

1. **Suppression des fichiers WordPress**
   Supprimez la totalité des fichiers WordPress.
2. **Nettoyer la base de données**
   Bien que les fichiers n'existent plus, la base de données, elle, contient encore les tables de WordPress. Pour la nettoyer, il faut se rendre dans l'espace d'administration de la base de données (phpMyAdmin) et supprimer les tables de WordPress.

11.4 GARDER WORDPRESS EN BONNE SANTÉ

Sécuriser et améliorer WordPress

WordPress (comme beaucoup d'autres CMS) peut être la cible d'attaques malveillantes ayant pour résultats des conséquences plus ou moins graves. Voici quelques plugins qui pourront vous prémunir de ces attaques. Bien entendu, ils ne vous dispensent pas de toujours bien veiller au respect des règles de base (mises à jour WordPress, utilisation de mots de passe difficiles à trouver, protection des accès FTP, etc.) :

- **WP Security Audit Log**
  Permet de surveiller toutes les connections au back-office de WordPress. Très utile pour vérifier les éventuelles tentatives de piratage : https://wordpress.org/plugins/wp-security-audit-log/
  Du même type, il existe aussi le plugin « Login LockDown ».
- **Secure WordPress**
  Supprime tous les éléments qui peuvent être utiles à un hacker (version, requêtes malicieuses, message d'erreur...) :
  http://wordpress.org/extend/plugins/secure-wordpress/.
- **WP Rocket**
  Plugin français. Lorsque vous construisez votre site avec WordPress et que celui-ci commence à être fourni ou très visité, ou que vous achetez un thème pro sans trop le connaître, vous pouvez rapidement tomber sur certaines longueurs lors du chargement de pages (trop de requêtes, Serveur un peu faible, trop d'images...)
  http://wp-rocket.me/
- **UpdraftPlus**
  Le plugin ultime pour sauver votre site en un clic : images uploadées, thèmes et base de données. Attention, les fichiers d'installation de WordPress ne sont pas compris. En cas d'attaque, la meilleure méthode consiste à restaurer le site. https://wordpress.org/plugins/updraftplus/
- **Protéger le fichier « wp-config.php »**
  Ce fichier, créé au moment de l'installation, contient des informations essentielles : le nom de votre base de données, vos identifiants, etc. Même cryptés, ces éléments restent sensibles. Grâce au fichier « .htaccess » se trouvant à la racine de votre WordPress, il est possible d'y interdire l'accès en insérant ce code :

```
<FilesMatch ^wp-config.php$>deny from all</FilesMatch>
```

Webmaster Google tools

Ce service de Google (figure 11.14) est dédié aux personnes propriétaires d'un ou plusieurs sites. Il se révèle très pratique pour optimiser le référencement du site, analyser des statistiques ou encore pour forcer Google à réexaminer votre site en cas d'attaque ou de virus sur votre site. Pour pouvoir utiliser ce service, vous devez disposer d'un compte Google (création gratuite).

Figure 11.14 – Outils Google pour les webmasters

11.5 RÉFÉRENCEMENT ET STATISTIQUES

Conseils et plugins

WordPress possède des qualités indéniables pour le référencement naturel vu qu'il respecte et n'interfère pas avec la qualité de votre intégration HTML/CSS, mais rien ne vous empêche de l'améliorer en suivant ces quelques règles :

- **Activer vos permaliens**
  Les permaliens sont importants, ils permettent une meilleure lisibilité des URL.
- **Du contenu de qualité**
  Utilisez des titres précis, décrivez vos images (attribut « alt »), utilisez la sémantique (titre h1, h2, h3, paragraphe, liste...).
- **Des échanges de liens**
  Échangez des liens avec d'autres sites est primordial. N'oubliez cependant pas d'échanger des liens de qualité vers des sites de confiance.

- **Mettre à jour votre sitemap**
  Google aime les sitemaps, qui sont de véritables cartes d'identité du contenu de votre site. Il est donc important de le mettre à jour régulièrement. Heureusement des plugins existent pour cela (par exemple Google XML Sitemaps :
  http://wordpress.org/plugins/google-sitemap-generator/)
- **Choisir ou non WWW dans son nom de domaine**
  À vous de choisir si vous souhaitez garder le « www. » dans l'URL de votre site. Puis tenez-vous à ce choix précis. Dans le cas contraire, Google risquerait de prendre ces deux adresses (avec www et sans) pour du contenu dupliqué, ce qui peut être très nuisible au bon référencement.
  Ce réglage s'effectue dans les options générales de WordPress et dans le fichier « .htaccess ».
  Si vous souhaitez afficher les « www », voici le code adéquat :

```
RewriteEngine On
RewriteCond %{HTTP_HOST} !^www\.simon-k\.com [NC]
RewriteRule (.*) http://www.simon-k.com/$1 [QSA,R=301,L]
```

- **Des thèmes de qualité**
  Utilisez toujours des templates de qualité. Entendez surtout par là des thèmes respectant les standards HTML / CSS / JS en limitant le nombre de requêtes serveur PHP au minimum.
- **Un plugin pour le référencement**
  Le plugin « All in one SEO Pack » vous permettra de gérer en profondeur tous les paramètres pour optimiser votre référencement (http://wordpress.org/extend/plugins/all-in-one-seo-pack/).

Google Analytics

Google Analytics est un outil poussé qui permet de visualiser en détail les statistiques de fréquentation d'un ou plusieurs sites Internet (figure 11.15). Cet outil gratuit est proposé par Google. Pour pouvoir l'utiliser, il faut posséder un compte Google. Si ce n'est pas le cas, vous pouvez le créer gratuitement et rapidement sur google.com.

Création d'un compte Google Analytics

Lorsque vous êtes connectés dans Google Analytics, il est tout d'abord nécessaire de créer un compte. Un compte représente en fait un site Internet qui va être « surveillé ».

Figure 11.15 – Interface de Google Analytics

Lorsque ce compte est créé, Google Analytics vous demande d'insérer un bout de code JavaScript dans le code source de votre site.

Voilà à quoi ressemble ce code :

```
<script type="text/javascript">

  var _gaq = _gaq || [];
  _gaq.push(['_setAccount', 'UA-4242221-5']);
  _gaq.push(['_trackPageview']);

  (function() {
    var ga = document.createElement('script'); ga.type = 'text/javascript';
ga.async = true;
    ga.src = ('https:' == document.location.protocol ? 'https://ssl' :
'http://www') + '.google-analytics.com/ga.js';
    var s = document.getElementsByTagName('script')[0];
s.parentNode.insertBefore(ga, s);
  })();

</script>
```

Insertion dans le template

Copiez le bout de code généré par Google Analytics, puis insérez-le dans le fichier « footer.php » de votre thème, avant la balise </body>. C'est aussi simple que cela.

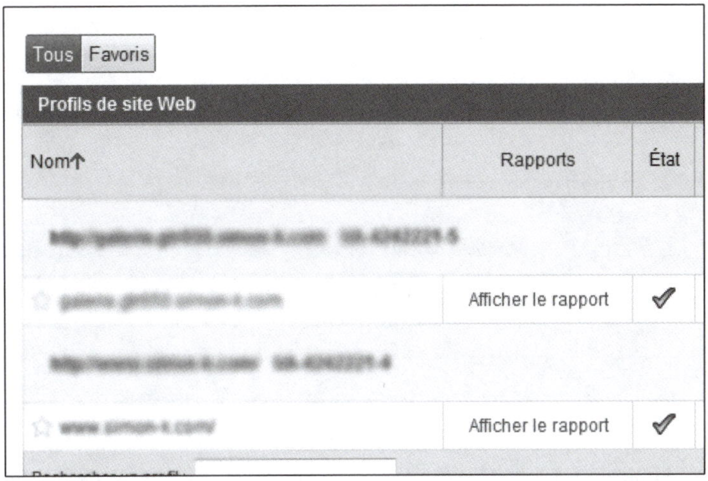

Figure 11.16 – Espace d'administration

Sachez qu'il existe des plugins pouvant s'occuper eux-mêmes de l'insertion du code dans le template. Notamment :

- Google-analyticator : http://wordpress.org/extend/plugins/google-analyticator/.

Utilisation de Google Analytics

De retour dans l'espace d'administration de Google Analytics (figure 11.16), vérifiez bien que l'État est validé, ce qui prouve que le code inséré précédemment a bien été repéré. La liaison est désormais établie.

Enfin, cliquez sur le lien « Afficher le rapport » pour voir apparaître les statistiques de fréquentation du site. Il est possible à cet endroit de connaître la provenance géographique des visiteurs ou les sources du trafic, de savoir quelles pages ont été visitées, etc. (figure 11.17).

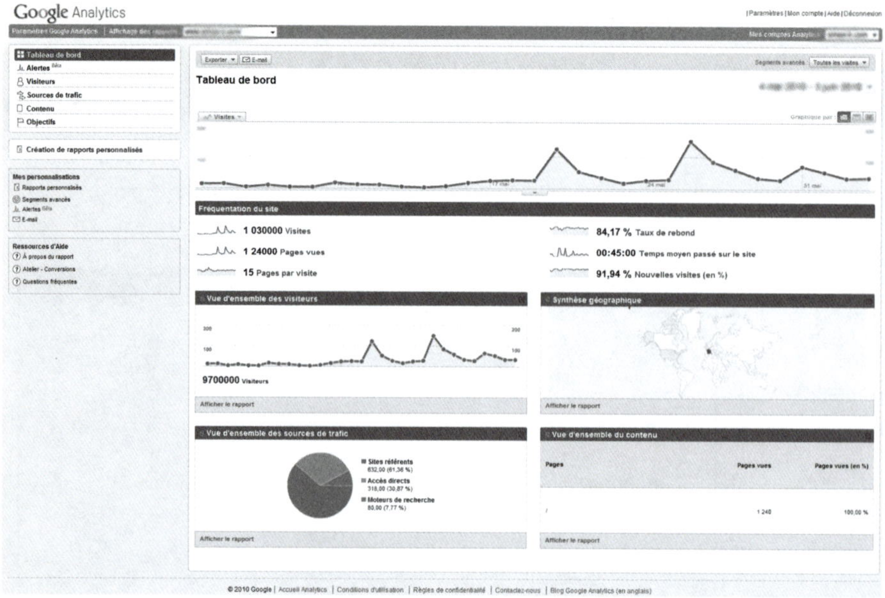

Figure 11.17 – Vue des fréquentations d'un site Internet dans Google Analytics

12

WordPress côté nomade

12.1 GÉRER SON WORDPRESS N'IMPORTE OÙ

Vous êtes un ou une aventurière ? Vous ne pouvez pas rester en place ? Ou vous n'avez tout simplement pas le courage d'allumer votre ordinateur pour gérer votre WordPress ? Pas d'inquiétude, votre site WordPress va vous suivre partout !

Applications Wordpress : Apple & Android,

Pour mettre à jour votre site à partir de votre mobile, il est bien entendu possible de passer par le navigateur Internet de votre smartphone pour vous connecter à votre back-office. Nous allons en parler dans la partie suivante.

Automattic, la société créatrice de WordPress, développe des applications spécifiques pour pouvoir gérer votre site à partir de vos smartphones. Les applications permettent un accès rapide et simplifié à votre espace d'administration.

Des modes d'emploi (vidéos et textes) pour chaque application vous attendent pour débuter facilement. Rien de bien compliqué néanmoins : après l'installation, il faut insérer vos identifiants et vous avez désormais accès à votre back-office optimisé pour smartphone.

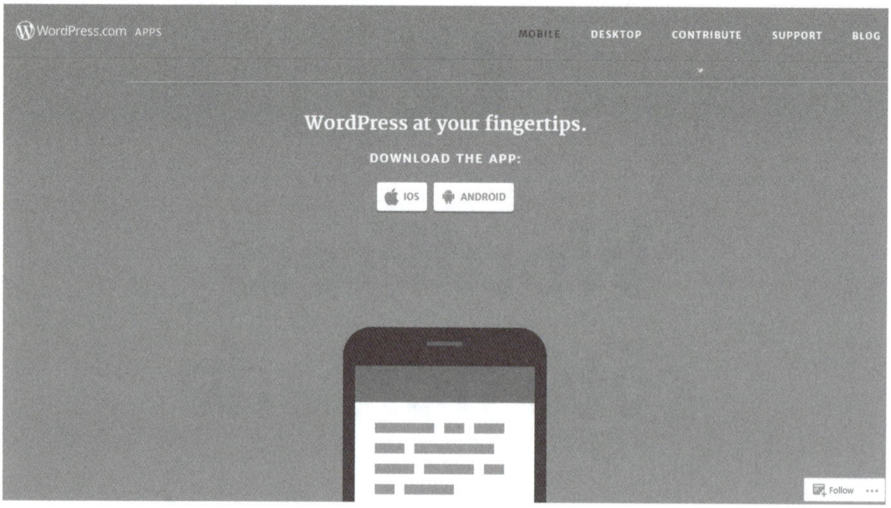

Figure 12.1 – WordPress pour iOS ou Android

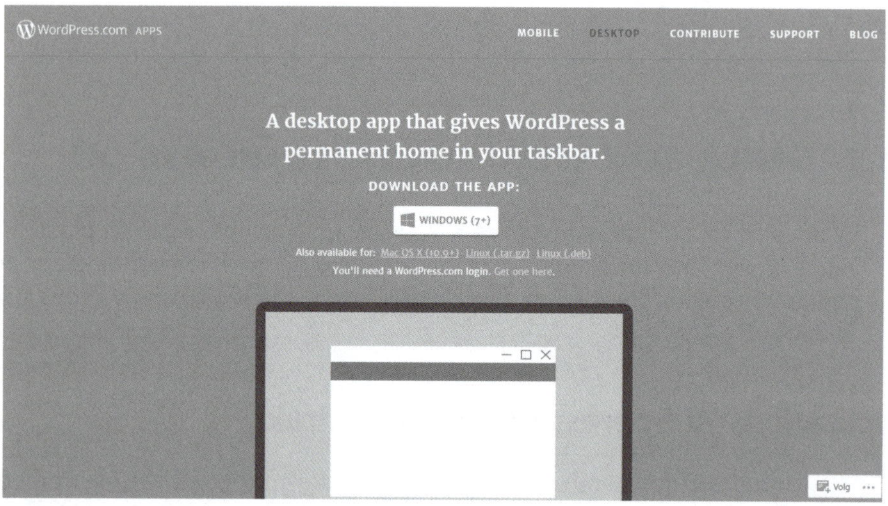

Figure 12.2 – WordPress pour Windows

Zoom sur l'application Iphone

Voici un rapide mode d'emploi pour installer et utiliser l'application officielle de WordPress sur Iphone. Le fonctionnement est similaire avec les autres plateformes.

Étape 1 : installation

Rendez-vous dans l'App Store puis téléchargez et installez gratuitement l'application WordPress.

Figure 12.3 – WordPress pour Android

Étape 2 : lancement et paramétrage

Lancez l'application, vous arriverez sur une page avec un formulaire à deux champs. Ces champs sont réservés si vous avez un site sur la plateforme "WordPress.com" (figure 12.4). Nous possédons notre propre hébergement donc nous allons cliquer sur « Ajouter un site auto-hébergé ». Trois champs à remplir apparaissent (figure 12.5). Après connexion, notre site est accessible (figure 12.6).

Figure 12.4 – Champs qui apparaissent par défaut

Figure 12.5 – Champs nécessaires pour se connecter à notre site « Auto hébergé »

Figure 12.6 — L'accès à notre site WordPress

Étape 3 : découverte de l'application

Cliquez sur votre site : vous arrivez au menu où il est possible de publier des articles, des pages et visionner les commentaires (figure 12.7). Mais attention, si votre thème utilise des articles personnalisés (*custom post type*) ou autres éléments qui ne sont pas là par défaut, il vous sera impossible de les visionner sur l'application ! De même pour les options, elles ne sont pas aussi complètes que la version en ligne (figure 12.8).

Étape 4 : Publication d'un article ou d'une page

Vous arriverez sur une interface simplifiée avec le renseignement d'un titre et du contenu. Chose intéressante, il est possible de publier une photo directement après l'avoir prise (bouton en bas à gauche), option qui n'est pas disponible sur la version en ligne.

Zoom sur le back-office mobile

Nous venons de voir les applications téléchargeables dans les différents stores.

Voyons maintenant ce que donne l'interface de WordPress si on navigue directement dans le navigateur web de notre smartphone.

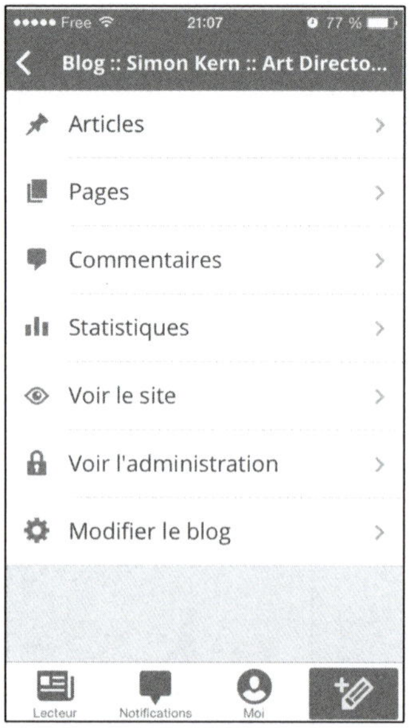

Figure 12.7 – L'accès à notre site WordPress

Figure 12.8 – Les options disponibles

Figure 12.9 – Interface de publication

Étape 1 : connexion

Rendez-vous dans la partie d'administration (exemple : monsite.com/wp-admin) – Figure 12.10.WP

Étape 2 : Visualisation de l'interface responsive

Que découvrons-nous ? Depuis la version 3.8, Wordpress s'offre une interface totalement *responsive* et optimisée pour smartphone ! D'ailleurs, il y a une grande différence avec les versions mobiles : nous avons accès à tout puisque c'est l'interface que l'on visite depuis toujours. C'est un vrai bonheur : vous n'avez plus d'excuse !

12.2 WORDPRESS ET LE RESPONSIVE WEB

Avec l'essor des smartphones, beaucoup de personnes découvrent les joies de la navigation sur Internet, sans forcément être derrière un grand écran.

De nos jours, les smartphones permettent un affichage évolué : leurs navigateurs Internet sont de plus en plus performants et plus rapides que certains ordinateurs de bureau ou portables.

Figure 12.10 — Interface de connexion

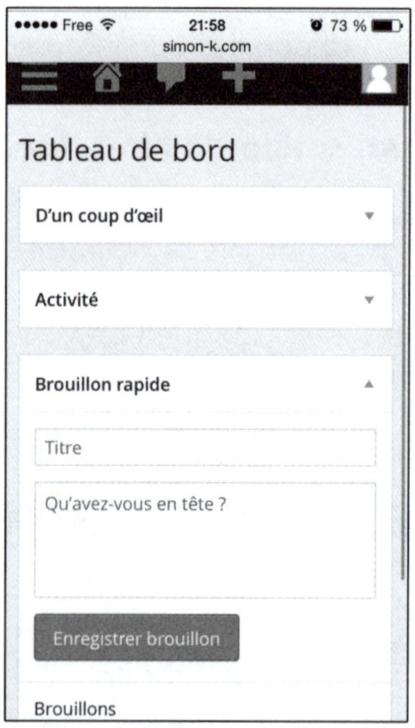

Figure 12.11 — Tableau de bord de WordPress version mobile

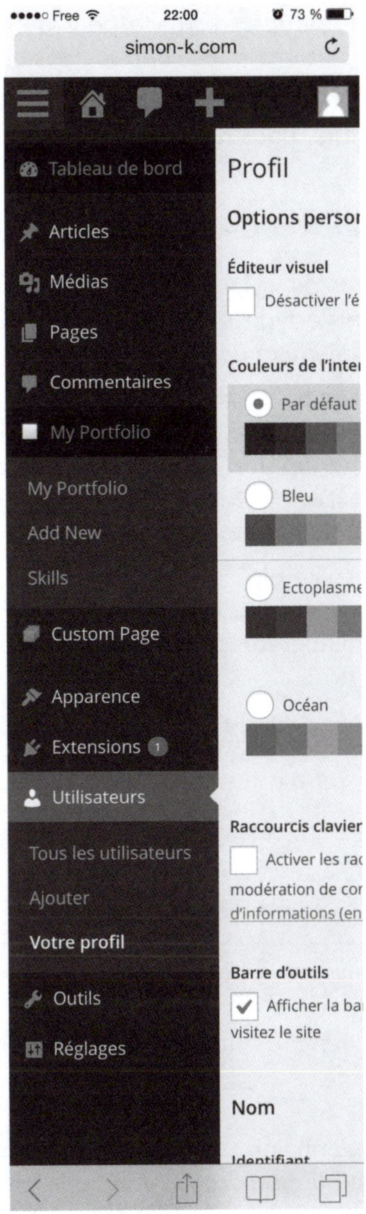

Figure 12.12 – Toutes les fonctionnalités sont présentes

Mais attention, adapter son site pour qu'il s'affiche bien sur toutes les plateformes n'est pas une mince affaire : des ouvrages entiers sont consacrés au *responsive web design* !

Dans cette partie, nous n'aborderons donc que les grandes lignes.

Le responsive web design : les grandes lignes

Grâce aux feuilles de style CSS, nous allons pouvoir choisir les éléments à afficher suivant le type de média utilisé. Rappelez-vous la règle d'or : séparation du contenu et de la forme.

Lorsque l'on sait qu'un site va être *responsive*, l'intégration HTML / CSS doit être réfléchie pour que chaque élément HTML puisse évoluer aisément entre un affichage *desktop* (grand écran) et un affichage de smartphone (petit écran) : c'est les CSS du template qui vont s'occuper de l'affichage suivant les largeurs de la fenêtre.

Le principe est simple : il s'agit d'insérer une ligne de code (dans la balise <head> ou dans la feuille de style CSS) permettant de spécifier les règles CSS à appliquer lorsque la page est affichée sur un smartphone.

Exemple en utilisant les « media-queries » (CSS3) :

```
@media only screen and (max-device-width:480px) {

       /* Règles CSS qui s'appliquent pour des écrans inférieurs à 480px de
large */

}
```

Exemple en utilisant la balise <link> :

```
<link rel="stylesheet" type="text/css" href="style/style-mobile.css"
media="handheld" />
```

Voilà pour le principe de base ! Par exemple, si le site s'affiche sur smartphone, nous supprimerons l'image de fond, ainsi que la *sidebar*, nous modifierons la taille du logo, la disposition du menu, la taille maximale des images, etc.

Il faudrait également ajouter d'autres points de ruptures pour les tablettes au format horizontal, puis au format vertical.

Mais il y a plusieurs façons de procéder et le responsive web design est une discipline à part qui est maintenant incontournable : il faut s'y intéresser. À vous de sublimer vos feuilles CSS de votre thème WordPress !

Adapter son WordPress pour les mobiles en deux minutes

Sans être spécialiste du Web mobile, il est possible de rendre rapidement et simplement son WordPress « ami » avec les mobiles, grâce à des plugins.

La plupart de ces plugins reposent sur un même principe : ils détectent le visiteur mobile puis ils lui affectent un thème spécifique. Libre à vous ensuite de le modifier (ou d'en créer) pour personnaliser l'affichage de votre site pour les mobiles.

Voici une liste de plugins qui transformeront votre WordPress en « mobile friendly » :

- **WordPress Mobile Pack** :
  http://wordpress.org/extend/plugins/wordpress-mobile-pack/
- **WPtouch 3** :
  http://wordpress.org/plugins/wptouch/

Bibliographie

Jean-Pierre VINCENT, Jonathan VERRECCHIA, *HTML5, De la page web à l'application web*, Dunod, 2012.

Bill SANDERS, *HTML5 pour le webdesign*, Dunod, 2012.

Jean-Marie COCHETEAU, Laurent KHOURI, *Tout sur HTML5 et CSS3*, Dunod, 2012.

Vincent OLIVEIRA (de), Cédric ESNAULT, *CSS3, le design web moderne*, Dunod, 2012.

Rodolphe RIMELE avec la contribution de Raphaël GOETTER, *HTML5 : Une référence pour le développeur web*, Eyrolles, 2013.

Raphaël GOETTER, *CSS avancées : Vers HTML5 et CSS3*, Eyrolles, 2011.

Raphaël GOETTER, Sébastien BLONDEEL, *CSS2 Pratique du design web*, Eyrolles, 2005.

Jason TSELENTIS, *Design graphique pour écrans, ordinateurs, tablettes, smartphones*, Dunod, 2013.

Webographie

Des ressources de qualité

Voici une liste de plusieurs sites (majoritairement anglophones) à mettre dans vos favoris. Ils vous permettront de rester au fait des dernières nouveautés de WordPress !

Les sites WordPress officiels

- http://wordpress.org : le site officiel de WordPress.
- http://codex.wordpress.org/ : le codex rassemble toute la documentation technique disponible (notamment pour l'élaboration de votre template).
- https://developer.wordpress.org/reference/ : le nouveau codex (en cours d'élaboration). Après une recherche sur le codex, il est possible qu'une infobulle vous propose de vous rendre sur le site developer.wordpress.org.
- http://wordpress.org/extend/plugins : c'est un peu un « WordPress Store » où vous trouverez énormément de plugins (du coup également des widgets).
- http://www.wordpress-fr.net : La communauté francophone autour du CMS WordPress et son écosystème.

Les sites magazines généralistes

Ces sites procurent des articles de qualité sur de nombreux sujets : webdesign, infographie, HTML, CSS, PHP, jQuery, WordPress, etc. N'hésitez pas à vous y rendre très souvent !

- http://www.smashingmagazine.com
- http://sixrevisions.com

- http://www.noupe.com
- http://www.instantshift.com
- http://designrfix.com
- http://www.creativejuiz.fr/blog/
- http://wpchannel.com
- http://www.webdesignerdepot.com
- http://www.alsacreations.com
- http://webdesignledger.com
- http://www.wpbeginner.com
- http://www.wptavern.com
- www.catswhocode.com
- http://themeforest.net/
- http://www.rockettheme.com/

Glossaire

Le vocabulaire du Web

Le Web dispose de son vocabulaire propre. Si vous n'y êtes pas encore habitué, ce petit mémo pourra vous aider.

Back office – Espace d'administration d'un site Internet, sa partie privée.

Background – Fond/l'arrière-plan d'un site Internet.

Billet ou « Post » – Un billet (ou « post » en anglais) est un synonyme du mot « article ». Mais attention, les ressources anglaises de WordPress utilisent le mot Post pour désigner du contenu (et pas forcément un « article » comme un article de blog).

Codex – Documentation officielle de WordPress.
http://codex.wordpress.org

Download – Téléchargement d'un document du Web vers votre disque dur.

Footer – Bas de page d'un site Internet.

Front office – Partie publique d'un site Internet visible par l'ensemble des internautes.

Hack – Ensemble d'instruction (code HTML + PHP + Template tag WordPress) pour aboutir à un résultat.

Header – Terme anglais désignant l'entête d'un site Internet.

Homepage – Page d'accueil d'un site Internet ; c'est la première page qui s'affiche lorsqu'un internaute arrive sur un site Internet.

Infographiste – Personne qui créer le design d'un site Internet, d'une affiche, d'un logo...

Loop – Boucle.

Plugin – Extension.

Racine – La racine d'un site Internet, c'est le dossier qui contient l'ensemble de votre site. C'est le dossier qui est le plus éloigné dans une arborescence.

Screenshot – Copie d'écran.

Sidebar – Barre latérale d'un site internet.

Slug – Identifiant. C'est la version normalisée (« URL-friendly » du nom d'une catégorie. Il ne contient généralement que des lettres minuscules non accentuées, des chiffres et des traits d'unions.

Template – Thème d'un site Internet (son apparence).

Template tag – Marqueur de modèles.

Upload – Téléchargement d'un document du disque dur de votre ordinateur vers le Web.

Webdesigner – Terme (un peu trop) généraliste... Certains affirment qu'un webdesigner est la personne qui transforme une maquette graphique en langage Web : HTML/CSS. En effet, « design » en anglais signifie « concevoir ». Peu de rapport avec le côté graphique du « designer ». D'autres personnes pensent qu'un webdesigner créer le design d'un site Internet, qu'il serait un infographiste spécialisé dans le Web. Bien entendu, personne n'empêche de cumuler ces compétences...

Webmaster – Personne qui gère et qui faire vivre un site Web.

Index

H

I

L

M

N

O

P

Q

R

S

T

76167 - (I) - OSB 90° - 286 - PCA - VCT
Imprimerie CHIRAT - 42540 Saint-Just-la-Pendue
Dépôt légal : mars 2017
N° 201701.0177

Imprimé en France